魔鬼经济学 3

用反常思维解决问题

THINK LIKE A FREAK

［美］史蒂芬·列维特
（Steven D. Levitt）
&
［美］史蒂芬·都伯纳
（Stephen J. Dubner）／著
汤珑／译

中信出版集团｜北京

图书在版编目（CIP）数据

魔鬼经济学.3，用反常思维解决问题/（美）史蒂芬·列维特，（美）史蒂芬·都伯纳著；汤珑译.--2版.--北京：中信出版社，2021.7（2025.3重印）

书名原文：Think Like A Freak
ISBN 978-7-5217-3145-3

Ⅰ.①魔… Ⅱ.①史…②史…③汤… Ⅲ.①经济学—通俗读物 Ⅳ.① F0-49

中国版本图书馆 CIP 数据核字（2021）第 097013 号

THINK LIKE A FREAK by Steven D. Levitt and Stephen J. Dubner
Original English Language Edition Copyright © 2014 by Steven D. Levitt and Stephen J. Dubner
Simplified Chinese Translation Copyright © 2021 by CITIC Press Corporation
All rights reserved.

本书仅限中国大陆地区发行销售

魔鬼经济学 3——用反常思维解决问题

著　　者：［美］史蒂芬·列维特　［美］史蒂芬·都伯纳
译　　者：汤珑
出版发行：中信出版集团股份有限公司
　　　　（北京市朝阳区东三环北路 27 号嘉铭中心　邮编 100020）
承　　印：北京通州皇家印刷厂

开　　本：880mm×1230mm　1/32　印　张：7.5　字　数：125 千字
版　　次：2021 年 7 月第 2 版　　　　印　次：2025 年 3 月第 6 次印刷
京权图字：01-2014-7283
书　　号：ISBN 978-7-5217-3145-3
定　　价：62.00 元

版权所有·侵权必究
如有印刷、装订问题，本公司负责调换。
服务热线：400-600-8099
投稿邮箱：author@citicpub.com

献给埃伦,
她一直支持着我做的每一件事,包括这本书的撰写。
——**都伯纳**

献给琳达·列维特·翟恩斯,
她的创造力天赋使我感到惊讶、有趣,并深受启发。
——**列维特**

THINK LIKE A FREAK
目 录

第一章
什么是"魔鬼式思考"？ //001

我们想要抹去解决问题的方式有对与错、聪明与愚蠢、红与蓝之分的观念。当今世界需要我们以更有效、更具创造力、更理智的方式来思考。我们要换一种角度、换一系列机制、换一份期待去思考。思考时需要抛却好恶、盲目的乐观或刻薄的怀疑。也就是说，我们要像魔鬼一样思考。

第二章
承认自己不知道 //021

当纠结于对与错时，不论是关于水力压裂法、枪支管制，还是转基因食物，你都很容易忽视问题的本质。道德指南针会说服你相信答案显而易见（即便事实并非如此），它会告诉你有明显的对错之分（而通常没有绝对的对与错）。最糟糕的是，它会让你确定自己已懂得关于此话题的一切，于是便不再汲取新知识。

第三章
你的问题是什么？ // 053

不论你想解决的问题是什么，请确定你不是在专攻动静较大、吸引你注意力的环节。在你倾入所有时间和资源之前，恰当地定义问题至关重要，若能"重新定义"问题则更佳。

第四章
真相在问题的根源 // 071

直视本因会令人不安，甚至会引起恐慌。或许这也是为什么我们常常回避本因……不过当直面本因时，你至少知道你在与真正的问题做斗争，而不是在和影子打仗。

第五章
像孩子一样思考 // 095

想想孩子们爱问的问题。当然它们有可能听起来有点儿傻，过分单纯或者不着边际。然而孩子们有百折不挠的好奇心，且相对而言少有偏见。因为他们知道得很少，不会像成人一样戴着有色眼镜，看不见事情的真相，而这在解决问题时是个极大的优势。成见会使我们拒绝很多可能性，只因它们看似不可能或者让人不舒心，只因它们让人感觉不对劲或者从未被尝试过，或者只因它们看上去不够深奥。不过别忘了，最后指出皇帝的新衣并不存在的就是个孩子。

目录

第六章
爱吃糖的孩子 //115

如果有魔鬼式思考者赖以生存的箴言，那就是人们会对诱因做出反应。尽管这点看似无比明显，但我们还是惊讶地发现人们常常忘记它，而这样也往往会带来后果。了解一个情形中针对每个当事人奏效的诱因，是解决问题的根本。

第七章
所罗门王和戴维·李·罗斯有什么共同点？ //149

说谎的人往往会对诱因做出与常人不同的反应。如何利用这点抓住坏蛋呢？这需要理解诱因的基本作用方式，以及了解不同的人对诱因的不同反应。魔鬼智库中的一些工具或许在你的一生中只会起到一两次作用，而这便是此类工具之一。然而它具有力度和某种程度的优雅，能诱惑犯罪者无意间以自己的行为暴露罪行。

第八章
如何说服不想被说服的人？ //179

每个希望进行魔鬼式思考的人都会偶尔发现自己被推到了风口浪尖。或许你提出了令人不适的问题，挑战了传统，或者只是碰到了不该触碰的话题。因此人们开始对你颇有微词。他们指责你勾结巫师或经济学家。你或许面临着一场恶战。接下来会发生什么呢？

第九章
放弃的好处 //203

放弃是魔鬼式思考的核心。如果这个词依然令你恐惧,那么让我们用"放下"一词代替吧。放下那些折磨着我们的传统认知,放下束缚着我们的人为限制,放下对承认不知道的恐惧,放下指使我们把球踢向球门一角而非中心的习惯性思维,即便踢向中心的命中率更高。

致　谢 // 229

第一章

什么是『魔鬼式思考』？

写了《魔鬼经济学1》和《魔鬼经济学2》之后，我们从读者那儿收到了各式各样的问题反馈。大学文凭还有价值吗？（答案：有。）把家族企业传给下一代，这个想法好吗？（如果你的目标是关门大吉，那么这样做没错——数据显示最好能吸纳外部管理人员。[①]）还有人得腕管综合征吗？（记者们摆脱这种病痛困扰之后便不再对其进行报道，但还是有人未能幸免，尤其是蓝领工人。）

有些问题关乎存在感：什么才能使人真正幸福？收入不

[①] 日本家族企业早有对策：他们会从家族外部物色新的首席执行官，并将其合法纳入家谱。这就是为什么近100%的日本企业继承人都是成年男性。

均衡问题真如看起来那般危险吗？富含ω-3脂肪酸的饮食习惯能带来世界和平吗？

人们想知道一些事物的利弊：无人驾驶汽车、母乳喂养、化疗、房地产税、水力压裂法、彩票、"药用祷告"、网上相亲、专利法改革、偷猎犀牛、铁杆开球、虚拟货币等等。这一分钟，我们收到电子邮件，有人请求我们"解决肥胖流行病"；五分钟之后，又有人强烈要求我们"立马扫除饥饿"。

读者似乎认为没有我们猜不出的谜语和解不了的难题，仿佛我们拥有什么专有工具——人们可能会以为我们有魔鬼经济钳之类的东西，可以挖掘一切机体的潜在智慧。

真若如此该多好！

而实际上解决问题并不容易。只要问题存在，你便能断定曾有很多人试图解决它，但都没有成功。解决简单的问题轻而易举，余下的问题则都很难解决。更何况，为了回答哪怕一个细微的问题，收集、整理并分析数据也需要大量时间。

因此我们想，与其试图回答每一个问题（还不一定成功），不如写一本书教教大家如何进行魔鬼式思考。

究竟这是什么样的思考方式呢？

第一章 什么是"魔鬼式思考"?

...

想象你是一名脚法精湛的足球运动员,并已带领国家队站在了世界杯决赛的赛场上,你现在只需要罚中一个点球。好运站在你这边:在高级别比赛中,约75%的点球都能罚中。

当你把球置于点球点时,看台上的观众沸腾了。此时距离球门只有12码(约11米),球门长8码(约7.32米),高8英尺(约2.44米)。

守门员死死盯着你。一旦从球鞋上弹出,足球会以每小时80英里(约128.75千米)的速度飞向球门。在这样的速度下,守门员不可能等待球被踢出后再做判断。他必须做出预判并朝那个方向移动身体。倘若他的预判是错的,那么你罚中的概率便会上升到约90%。

以足够的力量射向球门死角是最好的方式,即便守门员猜对方向也很难扑中。可是这种方法不允许有丝毫误差:脚下有微小的失误,球就会飞离球门。所以你也许不能太苛求角度,瞄准得稍微离球门角远些——尽管这样提高了守门员的扑中概率。

你还要选择是踢向左门角还是右门角。你若和大多数球员一样，是右脚球员，则更擅长踢向左角。这意味着你的罚球更有力、更精准，当然守门员也知道这一点。所以他们面对来球时，有57%的概率会向左扑，而有41%的概率会向右扑。

你站在球场上，观众热情高涨，而你心跳飞快，准备着将会改变人生的一脚。全世界都注视着你，你的国家在为你祈祷。球若进了，你的名字将永远像最受爱戴的神那样被人提及。若没踢进——嗯，最好还是别去想了。

选择在你脑中盘旋。到底是踢向擅长的左角还是不太擅长的右角？是该瞄准球门死角还是该保稳？你面对这个守门员踢过点球吗？要是踢过，你当时朝哪儿踢的，他朝哪儿扑的？与此同时，你还在揣测守门员的心理，甚至还试图猜想他是如何揣测你的心理的。

你知道成为大英雄的概率是75%。还不错。但若能提高概率岂不是更好？还有没有更好的方式来思考这个问题？你若能跳出常理，是否就能打败对手？你知道守门员现在正在挣扎该向左还是向右扑。但是如果——我是说如果——你既不向左也不向右踢，就像想象中愚蠢至极的样子踢向球门正中央，结果又将如何？

第一章 什么是"魔鬼式思考"？

球门正中央，就是守门员现在站的位置，但你很确定大脚一起他就会移位。别忘了概率统计数字：守门员面对来球，在 57% 的情况下会向左扑，而在 41% 的情况下会向右扑。这就意味着每 100 次扑球中，守门员只有两次会守在原地不动。当然预备向两边扑球的守门员也有可能扑中踢向中心的球，但那概率才多大？真希望你能去看看踢向球门中心的点球数据！

好吧，我们这里就有这个数据：踢向球门中心的点球，看似风险很大，却比踢向两边的命中率高出 7%。

你是否要冒这个险呢？

假设答案是肯定的。你走到球跟前，左脚扎稳，右脚提起飞射。你瞬间便被震慑到骨子里的呐喊声包围："进啦！！！"队友一窝蜂地冲向你，观众陷入狂欢。这一刻将永远被铭记；你的余生都将是个欢乐的大派对；你的孩子们，也会茁壮成长，成为富有又善良的人。恭喜你！

尽管瞄准球门中央的点球进球成功率明显更高，但实际上只有 17% 的球是踢向中央的。为什么那么少？

其中一个原因是，乍听起来这不是个好主意。就这样直愣愣地往守门员身上踢球？这听着别扭，好像有违常识，但是给体内注射微生物，从而预防由该种微生物引发的疾病不也是违背常识的吗？

另外，主罚点球队员的优势是那份神秘感：守门员不知来球方向。如果他们总是踢向同一个方向，命中概率便会大大降低；如果他们常常踢向球门中心，守门员也会相应调整扑球策略。

这里还有第三个，也是很重要的原因。它解释了为什么在像世界杯这样重大的赛事中球员不愿向球门中央踢点球，不过任何一个正常的球员都不会承认这点：惧怕羞辱。

假设你是那个主罚队员，在这骚乱的时刻，你最真实的动机是什么？答案或许很明显：你想得分，为你的队伍赢得比赛。如果真是这样，数据统计明白地显示应该踢向球门中央。可赢得比赛是你最真实的动机吗？

想象你站在球跟前，准备好向球门中央瞄准。请等一下，如果守门员不扑向两边怎么办？假如不知为何他守在了球门中央而你的球正中其怀，他半步不移就挽救了自己的球队，那可怎么办？你看上去将是多么可悲！现在守门员成了英雄，而你必须携全家逃亡他方以防被暗杀。

第一章 什么是"魔鬼式思考"？

所以你又重新考虑了。

你还是选择了传统的射门方向，踢向球门一角。假如守门员猜对了方向并扑出了球，那你也尽力了，尽管还有更好的方式。你没能成为大英雄，不过也不必背井离乡了。

你若听从这种利己动机——避免做出愚蠢举动以保护自己的名声，你便更有可能把球踢向边角。

你若从集体利益出发——冒着自己出丑的危险为国争光，你就会把球踢向中间。

有时在人生中，径直走向中心是最英勇的举动。

当被问到集体利益与个人利益的取舍时，大多数人都不愿承认更倾向于个人利益。不过历史清楚地表明，大多数人，不论是先天还是后天因素所致，都会把个人利益摆在最前面。这并不意味着我们是坏人，我们不过是有血有肉的人而已。

不过当你的野心不止于获得一些小恩小惠时，那些利己行为就会变得碍事。倘若你想缓解贫困问题，改善政府职能，说服公司减少环境污染，或者仅仅想让孩子们停止争吵，你要怎么做才能把各怀私心的人引入同一个方向？

我们写这本书就是为了回答诸如此类的问题。我们惊讶地发现，近年来人们似乎认为解决问题的方式存在对错之分。这不可避免地带来了很多争论，也不幸地留下了很多未解决的问题。这种情况能够得到改善吗？我们希望答案是肯定的。我们想要抹去解决问题的方式有对与错、聪明与愚蠢、红与蓝之分的观念。当今世界需要我们以更有效、更具创造力、更理智的方式来思考。我们要换一种角度、换一系列机制、换一份期待去思考。思考时需要抛却好恶、盲目的乐观或刻薄的怀疑。也就是说，我们要像魔鬼一样思考。

我们的前两本书构建在较为简单的几个概念之上：

动机是现代生活的基础。 了解动机，或者解读动机，是看懂并解决问题的关键。

懂得要衡量什么、如何去衡量，能使复杂的世界变得简单些。 没什么比数据的纯粹力量更能有效地拨开层层迷雾、化解矛盾了，尤其是针对能激发情绪的热点话题。

传统观念常常是错误的。 盲目接纳这些观点会导致粗糙、破败甚至危险的后果。

相关并不等同于因果。 当两者同时出现时，人们很容易猜测二者存在着因果关系。例如，调查显示，已婚人士比单

第一章 什么是"魔鬼式思考"?

身人士更快乐。但这是否证明婚姻能带来快乐呢?不见得。还有数据显示,快乐的人本就更有可能结婚。一名研究者说得好:"你若脾气暴躁,谁愿意和你结婚呢?"

本书也以这些概念为基础,但又有所不同。我们在前两本书中很少给出建议,大部分篇幅都是在用数据讲有趣的故事,给社会上不常受到关注的角落投去一丝光亮。这本书跳出局限,试图提供对你偶有帮助的建议,不论你是想获得生活小知识,还是想进行全球性的改革。

尽管如此,这本书并不是传统意义上的自助书籍。我们很可能并不是你寻求建议的恰当人选,而且我们的一些建议往往会让你陷入麻烦。

我们的思考方式基于经济学分析方法,但这并不意味着我们聚焦于经济——事实恰恰相反。经济学分析方法涵盖范围更广,也更简单。它依赖于数据而不是灵感或空想,来理解世界运转的方式,学习激励措施如何成功(或失败),认识资源的分配方式及何种原因阻碍了人们获得实体资源(比如食物和交通)或更高级的资源(比如教育和爱)。

这种思维方式没有任何魔幻之处。它围绕的是常理,并强烈依赖常识。所以我要宣布一个坏消息:你若等着所谓魔术师揭秘，会大失所望的。不过还有一个好消息：魔鬼式思考非常简单，每个人都能做到。而真正付诸实践的人少之又少，这才是令人费解的地方。

为什么呢？

一个原因是，人们很容易被政治、知识等偏见蒙住双眼。越来越多的调查显示，即便是最聪明的人也习惯于寻找能肯定自己观点的证据，而不是去发现能使自己看清事实的新信息。

人们还习惯于从众。即便是面对一天中最重要的决定，我们也通常会采纳朋友、家人和同事的意见。（关于这一点，第六章中会有详细的解读。）从某个层面来讲，这么做也有道理：和家人、朋友保持一致比寻找新的家人和朋友要容易多了！不过，从众行为意味着人们会快速接受现状，不愿改变想法，又过于依赖别人思考。

另外一个阻碍魔鬼式思考的障碍是，大多数人都太忙了，以至无暇重新思考自己的思维方式，甚至连进行任何思考的时间都没有。你上一次抽出一个小时坐下来纯粹地思考是什么时候？若像大多数人一样，那一定是很久以前的事了。难道这只是快节奏时代才有的现象？或许不是。才华卓绝的萧伯纳是世界一流作家，也是伦敦政治经济学院的创始人，他

第一章 什么是"魔鬼式思考"?

在多年前便注意到了这种思考贫乏的现象。据报道,萧伯纳曾说:"人们一年最多思考两三次,而我每周思考一两次便享誉国际了。"

我们也试着每周思考一两次(不过我们肯定没有萧伯纳聪明),希望你也这么做。

这并不是说魔鬼式思考就一定是好的,它也带有潜在的负面效应。你会发现自己与主流渐行渐远。你会偶尔说出让旁人别扭的话。比如,你看到一对可爱、尽责的夫妇带着他们的三个孩子时,或许会脱口而出儿童安全座椅是多么费时费钱、毫无用途(至少碰撞测试数据显示是这样的)。抑或节假日你随新女友到她家共进晚餐,喋喋不休地说起本地食品运动实际反而危害了环境,后来发现她父亲就是坚定的土食者——桌上的一切食材都生长于方圆50英里(约80千米)之内。

你要习惯于别人叫你怪人,义愤填膺地对你大加指责,甚至起身离席。在这些方面,我们可是有亲身经历的。

《魔鬼经济学2》刚出版时,我们在英国参加一个书展,当时我们应邀与后来成为英国首相的戴维·卡梅伦会面。

尽管那种量级的人向我们讨教并不罕见，但这个邀请着实让我们吃了一惊。在《魔鬼经济学2》的开篇，我们就声明我们对宏观经济学——通货膨胀、失业率等政客手中的砝码——几乎一窍不通。

更何况，政客通常会回避有争议的话题，而我们的书当时在英国已经引起了很大的争议。我们在英国的电视台上被声讨，因为书中有一章讨论了我们和一家英国银行共同开发的识别恐怖分子的演算系统。主持人问我们究竟为什么要公开有可能帮助恐怖分子免于被识别的秘密。（我们当时不知该如何作答，不过这次在本书第七章中给出了答案。提示：那次信息披露并非失误。）

我们还因提出应对全球变暖问题的现有政策不会奏效的观点而饱受指责。其实，卡梅伦那锐气、年轻的政策顾问罗翰·席尔瓦在警卫处接我们时，就说起他家附近的书店拒绝售卖《魔鬼经济学2》，因为书店老板对有关地球变暖那一章恨之入骨。

席尔瓦将我们带入一间会议室，里面坐着20余位卡梅伦的顾问。他们的头儿还没到。他们中大多数人都在二三十岁。其中一位绅士，是曾经也是后来的内阁大臣，明显年长于他

第一章 什么是"魔鬼式思考"?

人。他开始主持大局,告诉我们卡梅伦一旦当选,将会竭尽全力与气候变暖问题做斗争。他说,如果卡梅伦说了算,那么英国将在一夜间变成无碳社会。他认为,"这关乎最高的道德义务"。

我们的耳朵一下子竖了起来。经验告诉我们:当人们,尤其是政治家,开始根据自己的道德观做决定时,首先牺牲的便是真相。我们问这位内阁大臣,他所谓的"道德义务"指的是什么。

"若不是因为英格兰,世界不会是今天这个样子。这一切都不会发生。"他指向天花板和屋外。他所谓的"这一切",指的是这间屋子、这座大楼、伦敦城以及全部文明。

我们当时一定看上去很疑惑,所以他继续解释起来。他说是英国最早发生了工业革命,带着全世界走上了污染、环境恶化和全球变暖的道路,因此英国有义务弥补这些损失。

这时,卡梅伦先生疾步走进会议室,用深沉有力的声音问道:"所以那些聪明人在哪儿?"

他穿着洁白的衬衫,打着他那标志性的紫色领带,浑身散发着令人无法抵挡的乐观气息。在谈话时,你瞬间便能看出他为何有望当选为首相。他整个人都闪耀着能干与自信的光芒，完全实现了伊顿公学和牛津大学的导师在接收这个男孩时对他抱有的期待。

卡梅伦说，当选首相面临的最大遗留问题便是严重低迷的经济。英国同世界其他国家一样，在萧条的经济中挣扎。退休人员、学生、各界巨头等都闷闷不乐，国债数额巨大且还在不断攀升。卡梅伦说，他当选后将大规模缩减开支。

不过，他补充道，有几项宝贵、不可动摇的权利，他一定会不惜一切代价去捍卫。

比如什么？我们问。

"比如国家医疗服务体系。"他眼中闪耀着自豪的光芒。他这么说也有道理。这个体系为每一个英国人终身提供大部分免费的医疗服务。这个全球最悠久最庞大的医疗系统就像足球和葡萄干布丁一样，是英国不可磨灭的一部分。一位前财政大臣说，国家医疗服务体系是"英国人拥有的最接近宗教的事物"。英国本就存在宗教，于是这话变得加倍有趣。

这里只有一个问题：英国的医保开销在过去10年翻了不止一倍，预计还会继续攀升。

后来我们才知道，卡梅伦对国家医疗服务体系还掺有个人情感。他的大儿子伊万患有罕见的先天性神经疾病——大

第一章 什么是"魔鬼式思考"？

田原综合征。该病患者有频繁、强烈的癫痫症状。因此卡梅伦一家对国家医疗服务体系下的医生、护士、急救车和医院都再熟悉不过了。"当你的家人日日夜夜、分分秒秒依赖这个系统时，你便能真正地感受到它的宝贵。"卡梅伦在一次保守党年度会议上说道。伊万于2009年年初去世，那时离他的7岁生日仅有几个月。

所以毫不令人意外，连卡梅伦这种拥护财政紧缩政策的党派领袖都把医保体系看得神圣不可侵犯。即便是在经济危机中，对这个体系做手脚的政治意义就如一脚踢飞女王的柯基犬。

但这并不意味着这种做法具有现实意义。虽然让人们终身享受免费、无限的医疗服务的目标值得喝彩，但经济状况却难以捉摸。我们尽可能礼貌地向未来的首相提出了这一点。

人们对医保投入了大量感情，以至很难把它仅仅看作经济的一个组成部分。而在英国的政府架构里，医保是唯一一个允许每个人都得到免费服务的系统，不论开销是100英镑还是10万英镑。

问题在哪儿呢？人们若不自掏腰包，资源便通常不会得到有效利用。

回想一下你上一次去吃自助餐的情景吧,是否有可能比平时吃得多?医保享用方式若与此类似,便会带来同样的结果:人们会比按单付费消耗更多医疗资源。这意味着怀疑自己得病的人会比真正患病的人多,于是每个人等待就医的时间都加长了,而且大量医保费用花在了老人临终前的几个月上,这通常不会带来实际的效益。

倘若医保费用只占国民经济的一小部分,那么这种过度消费还可以容忍。但当医保费用几乎占了英国GDP(国内生产总值)的10%时——该比例是美国的将近两倍,你就必须认真地重新考虑如何提供医保,如何为其买单。

我们试图用思维实验来表达我们的观点。我们建议卡梅伦先生想想其他领域类似的政策。设想每个英国人都能终身享受免费、无限的交通设施。也就是说,每个人都能随时随地到车行挑选任一最新型号的车,并能免费把它开回家,那又将是怎样一番情景。

我们期待他说:"没错,这还真是荒谬——你将没有理由保留旧车,每个人的动机都将被扭曲。关于我们一直在进行的免费医保大派送这件事,我明白你们的意思了。"

然而他没这样说。实际上他什么也没说。微笑依然留在戴维·卡梅伦的脸上,但却从他的眼睛里消失了。或许我们的故事没有达到预期的效果,又或许它奏效了,而这就是问题所在。无论如何,他匆匆与我们握手告辞,去会见不像我们这般荒诞的人了。

你不能怪他。解决医保开销流失问题比决定如何罚点球要难一千倍。(所以就如我们在第五章中讲到的,你要在问题还未扩大时就设法解决。)如果当初我们就懂得如何说服不愿被说服的人,我们也会受益更多(这将在第八章中具体阐释)。

即便如此,我们依然坚信重塑大脑、换个方式思考大大小小的问题是有极大好处的。在这本书里,我们将与你分享这些年来我们学到的一切,有些比和首相的短暂交谈还有效。

你想试一试了吗?非常好!第一步,不要为自己的无知感到害羞……

第二章

承认自己不知道

听一个简单的故事并回答几个问题。故事是这样的：

一个叫玛丽的小女孩跟着妈妈和哥哥去海边。他们是开着红色的车去的。到海边后他们游泳、吃冰激凌、玩沙子，午餐是三明治。

问题是：

1. 他们的车子是什么颜色的？
2. 他们午餐吃的是炸鱼和薯条吗？
3. 他们在车里听音乐了吗？

4. 他们午餐喝柠檬汁了吗？

回答得如何？研究人员问了英国一群5~9岁儿童同样的问题，让我们把你和他们的答案做个比较吧。几乎所有孩子都答对了前两题（"红色"和"不是"）。不过后两题答得可不太好。为什么呢？那两道题无解——故事里没有给出足够的信息。然而竟然有76%的孩子还是用"是"与"不是"回答了后两题。

这些试图在回答简单问题时蒙混过关的孩子都有当商人和政治家的潜质。在政商界，几乎没有人承认自己还有不知道的事。人们一直说，英文中最难以启齿的话是"I love you"（我爱你）。我们完全不同意！对大多数人而言，最难以启齿的是"I don't know"（我不知道）。多么可惜，你若不承认自己不知道，那几乎就不可能学到你所需要的东西。

在我们探究编造答案这一行为的原因，以及这么做的代价和相应的解决方案之前，让我们弄清楚我们口中的"知道"究竟是什么含义。

当然，知识也是分不同层面和类别的。在金字塔的最顶

第二章 承认自己不知道

端是"已知事实",即那些可以被科学证实的东西。(就如丹尼尔·帕特里克·莫伊尼汉的名言:"每个人都有权拥有自己的观点,却无权拥有属于自己的事实。")你若执意认为水的化学式是 HO_2 而非 H_2O,那么早晚会有人证明你是错的。

另外,我们还相信"信仰",但信仰很难得到证实。这类话题中存在着更多的争议,例如,魔鬼真的存在吗?

我们在一次全球性的问卷调查中提出了这个问题。在参与调查的国家里,下面五个国家相信魔鬼存在的人数最多:

1. 马耳他(84.5%)
2. 北爱尔兰(75.6%)
3. 美国(69.1%)
4. 爱尔兰(55.3%)
5. 加拿大(42.9%)

下面五个国家相信魔鬼存在的人数最少:

1. 拉脱维亚(9.1%)
2. 保加利亚(9.6%)

3. 丹麦（10.4%）

4. 瑞典（12.0%）

5. 捷克（12.8%）

在如此简单的问题上，答案为何有如此大的分歧？看来马耳他人和拉脱维亚人，有一方根本不知道他们自认为知道的事。

好吧，或许魔鬼是否存在这个问题太脱离生活了。那让我们看看另外一类介于观念和事实之间的问题吧：

> 据报道，一群阿拉伯人在9月11日那天对美国发动了恐怖袭击。你认为这个陈述正确与否？

对大多数人而言，这个问题很荒谬：当然是正确的了！不过当我们在伊斯兰国家问起这个问题时，却得到了不同的答案。只有20%的印尼人、11%的科威特人和4%的巴基斯坦人同意这个陈述。（当问起"9·11"事件究竟是谁的责任时，他们通常会说是以色列人、美国政府或"非伊斯兰恐怖组织"。）

第二章　承认自己不知道

这么说来，我们自认为"知道"的事可能纯粹是被政治或宗教观念左右的。这个世界还充斥着经济学家爱德华·格莱泽口中的"谬论开发者"，即那些"为提升经济或政治利益而传输信仰"的政治、宗教及商业领袖。

这本身就够麻烦了，然而我们还习惯性地不懂装懂，使得问题更加棘手。

思考一些政治家和商业领袖每天都要面临的大问题吧。阻止大规模枪击事件最好的办法是什么？水力压裂法的好处能盖过它对环境带来的破坏吗？如果我们允许憎恨我们的中东独裁者当权，又会发生什么？

回答这样的问题不能仅靠罗列事实，还需要判断力、直觉以及对结果的猜测。再者，这都是多层面因果问题，也就是说结果既缥缈又微妙。在复杂问题面前，我们很难精确地指出某种既定结果的成因。对攻击性武器的禁令当真减少了犯罪行为，还是它只是原因之一？经济停滞是因为税率太高，还是因为出口和油价的飙升？

换言之，真正"知道"引发已知问题的原因或解决已知问题的办法是极其困难的——这还是针对已经发生的事。想象一下，预测某因素对未来的影响又将困难多少倍。就如尼尔斯·玻尔常说的那样："预测是很困难的，尤其是关于未来的预测。"

可是我们常常听到专家说他们知道未来将如何展开。这些专家不光是政治家和商业领袖，还包括体育权威、股票大师，当然还少不了气象学者。他们真的知道自己在说什么，还是像那些英国小朋友一样，只是在虚张声势？

最近几年，学者开始系统地追踪各领域专家做过的预测。其中最引人瞩目的就是宾夕法尼亚大学心理学教授菲利普·泰特洛克的研究。他的研究焦点在政治领域。泰特洛克选择了近300名专家，包括政府官员、政治学者、国家安全专家以及经济学家，记录了他们在过去20年间做出的上千个预测。例如：在民主国家中，比如巴西，目前的多数党在下届选举后会保持、削弱还是加强民主建设？或者在非民主国家中，比如叙利亚，基本的政治制度在接下来5年内会发生改变吗？10年呢？如果会改变，又是朝哪个方向呢？

泰特洛克的研究结果有如清醒剂。他说这些专家中的专家——96%的人拥有研究生学历——"知道的并不如他们想象中的多"。他们的预测有多准确呢？"比掷飞镖的猩猩好不了多少。"泰特洛克以他一贯的玩笑口气说道。

第二章 承认自己不知道

"哦,那个掷飞镖的猩猩的对比常常令我不安,"他说,"不过跟我们的对照组——加州大学伯克利分校的本科生比的话,专家们还是略胜一筹的。但跟外推法演算系统相比,他们处在下风。"

而这个"外推法演算系统"不过是一个预测"现状不变"的电脑程序,也就是电脑说"我不知道"。

一家名为"CXO顾问组"的公司进行的类似调查发现,股票专家数年内的6 000多个预测的准确率只有47.4%。掷飞镖的猩猩估计也能有差不多的成绩。然而当考虑到投资管理费时,猩猩会帮你省下不少钱。

我们问泰特洛克,特别不善预测的人有怎样的特征,而他只用了一个词——武断。也就是说,他们不知道还毫不动摇地相信自己知道。泰特洛克与其他参与研究专家预测的学者发现,这些专家,用泰特洛克的话来说,往往都"极端自负",即便他们的预测已被证明是彻底错误的。傲慢与谬误,这是致命的组合,尤其在还有更明智的选择存在时:你只需承认未来比想象中难以预测。

可惜,做到的人少之又少。精明人喜欢做能使他们看上去很聪明的预测,不论结果有多荒谬。这种现象在《红鲱鱼》

杂志1998年的一篇文章中被描述得淋漓尽致。文章名叫《为何大多数经济学家的预测是错误的》(Why Most Economists' Predictions Are Wrong)。作者保罗·克鲁格曼本身也是经济学家，后来还得了诺贝尔奖[①]。克鲁格曼指出，太多经济学家预测错误是因为他们高估了未来科技的影响力。继而他自己做了几个预测。其中之一便是："互联网的发展会大幅放缓，因为梅特卡夫定律，即'网络的潜在连接量与联网用户数量的平方成正比'，已被证明是错误的。多数人之间没有那么多互动的需要！到2005年时，我们就会看到网络对经济的意义不会大过传真机。"

在我们撰写本书时，仅谷歌、亚马逊和脸书三家企业的市值已超过7 000亿美元，超过了18个国家GDP的总和。如果再算上苹果公司（它虽不是互联网公司，但无法脱离互联网而存在），这个数字就变成了1.2万亿美元，肯定能买不少传真机。

---

① 1969年创设的诺贝尔经济学奖并非原始的官方诺贝尔奖项。官方诺贝尔奖从1906年起在物理、化学、生理或医学、文学以及和平领域颁发。诺贝尔经济学奖的官方名称其实是"纪念阿尔弗雷德·诺贝尔的瑞士银行经济学奖"。至于它是否该被叫作"诺贝尔奖"一直都存在争议。我们理解历史学家和语义学家的反对意见，但接受这个大众认可的叫法也无大碍。

第二章　承认自己不知道

或许我们需要更多像托马斯·萨金特那样的经济学家。他因对宏观经济中因果的实证研究获得了诺贝尔奖。在通货膨胀和利率方面，估计萨金特忘记的比我们大多数人一辈子知道的还多。盟友银行（Ally Bank）几年前为带有"利率调高"功能的定期储蓄业务拍摄广告时，邀请萨金特担纲主演。

广告的布景选在一个大礼堂，让人想起大学的俱乐部：华丽的吊灯，整齐的书架，墙上挂着名人的照片。萨金特如王者般坐在皮制的俱乐部椅上，等待着主持人的开场白。

主持人：今晚，我们的嘉宾是托马斯·萨金特，诺贝尔经济学奖得主，也是世界上论文被引用次数最多的经济学家。萨金特教授，您能告诉我们两年后的定期储蓄利率吗？

萨金特：不能。

仅此而已。旁白说道："他若不能，没有人能。"——所以你需要利率可调整的定期储蓄。这广告真是天才之作。为什么？因为萨金特面对这个无解的问题给出了唯一正确的答案，而我们大多数人却做不到，因而显得很荒谬。

我们对外界事物不如我们想象中了解得多，其实我们连自己都不甚了解。大多数人连最简单的评估自己的才能都做得很糟糕。就如两位心理学家发表在一份学术期刊上的文章所述："尽管我们与自己相处的时间最长，但对自身技能的了解却少得惊人。"一个经典的例子是，当被问到自己的驾驶技巧时，约 80% 的人认为自己优于一般驾驶者。

让我们假设你在某一方面很出色，是某领域真正的大师，就如托马斯·萨金特那样。这意味着你在其他领域也同样出色吗？

大量调查证明，答案是否定的。这里的意味简单而有力：你在某一方面出色并不代表你样样出色。很可惜，这一事实常被（请深呼吸）"习惯对个人知识或本领以外的事物发表意见和提出建议的人"忽略。

对自身能力不切实际的高估以及不愿承认自己并不了解某些事物，毫无疑问会带来灾难性的后果。小孩为那个海滩问题编造答案并没有引发后果——他们不愿说"我不知道"并不会给任何人造成损失，但在现实世界里就不同了，不懂装懂的社会代价可能是巨大的。

思考一下伊拉克战争。它的爆发主要是因为美国宣称萨

第二章 承认自己不知道

达姆·侯赛因拥有大规模杀伤性武器,并且与基地组织相互勾结。毋庸置疑,原因远不止于此,还有政治、石油,或许还有报复性因素,但基地组织和武器是战争爆发的诱因。这场战争历时8年,耗费8 000亿美元,造成将近4 500个美国人和至少10万伊拉克人死亡。人们不禁要问,如果当初散布言论的人能够承认自己并不"知道",这一切又将如何发展。

就如温热潮湿的空气是散播致命病毒的媒介一样,政界和商界凭借古老的架构、复杂的产出、模糊的因果分析,散播着以事实姿态呈现的猜测。这是因为,这些做大胆猜测的人通常不用担负责任!当事情发生,人们意识到那些人不懂装懂时,那些骗子早已消失得无影无踪。

如果不懂装懂会带来破坏性后果,那为何人们还在继续不懂装懂呢?

这很简单,说"我不知道"的代价通常比出错的代价还要高——至少对说话者本身来说如此。

回想那个准备罚点球的足球运动员。踢向中央成功率更高,而踢向角落则更易保住名誉,所以他踢向角落。每当我们不懂装懂时,其实都在做同样的事:保护个人名声而非提升整体利益。我们都不愿因承认自己不知道某事而显得愚蠢或至少被人比下去。装懂的诱惑太大了。

这种诱惑还解释了为何那么多人喜欢预测未来。巨大的回报等待着每个大胆做出预测又碰巧正确的人。如果你成功预测股市在一年内会增加两倍，那么在接下来的数年内你都会在人们的歌颂中度过（还会有人付高价请你继续预测未来）。如果股市大跌而非增加两倍呢？没关系。反正别人早已忘了你的预测。因为没什么人有记录他人预测失误的强烈动机，假装知道未来的代价几乎为零。

2011年，一位年迈的基督教电台传教士哈罗德·康平上了头条——他预测世界末日会在当年5月21日（周六）到来。他警告大家，灾难将至，70亿人口中，除了忠诚信徒都将毁灭。

朋友年幼的儿子看了那条新闻后十分害怕。他爸爸向他保证，康平的预测是没有根据的，但小男孩依然焦虑不安。5月21日前的几个夜晚，他都是哭着入睡的。这种经历对于所有人来说，都很糟糕。然而周六的黎明到来了，明亮而清晰——世界没有崩塌。而10岁小孩的逞能心理使他拒绝承认自己曾经害怕过。

第二章 承认自己不知道

他父亲问他:"就算你没怕过,那你觉得哈罗德·康平现在会怎样呢?"

"哦,那很简单,"男孩说,"他们应该把他拉出去枪毙。"

这惩罚好像有些极端,但这种情绪是可以理解的。糟糕的预测若不被惩罚,又怎能阻止它们的一再出现?罗马尼亚推出了一项举措。那个国家盛产"女巫"——靠预知未来谋生的女人。立法者决定女巫应该受到管理、被征税,而最重要的一点是,她们要为每个错误的预测缴纳罚金甚至被监禁。毫不意外,女巫们都很沮丧。一个女巫以她最擅长的方式做出了回应:她威胁要用猫屎和狗尸降咒于这些政客。

还有一个原因解释了为什么大多数人会高估自己所知。这与我们每个人随身携带的道德指南针有关,尽管我们没有意识到。

每个人在不断成长的过程中都会建起自己的道德指南针(当然有的精确些,有的模糊些)。这在绝大多数情况下是好事。谁想在对错不分的世界里生活呢?

然而当我们试图解决问题时,最好还是先抛开这个道德指南针。

为什么？

当纠结于对与错时，不论是关于水力压裂法、枪支管制，还是转基因食物，你都很容易忽视问题的本质。道德指南针会说服你相信答案显而易见（即便事实并非如此），它会告诉你有明显的对错之分（而通常没有绝对的对与错）。最糟糕的是，它会让你确定自己已懂得关于此话题的一切，于是便不再汲取新知识。

几个世纪前，水手们就发现指南针偶尔不稳定，会使他们偏离航线。这是因为船上越来越多的金属制品，比如铁钉、其他工具与硬件，甚至水桶和按钮都会干扰指南针的磁场。逐渐地，水手们懂得要把金属制品放在离指南针尽可能远的地方。提到这种规避措施，我们并非要你彻底丢弃道德指南针，绝不是这样，仅仅是要你暂时把它放在一边，不让它扰乱你的视线。

思考一下类似于自杀的问题。它涉及太多道德顾虑，以至我们很少在公共场合提及，仿佛我们用一块黑帘子罩住了整个话题。

而这种做法是无效的。全美每年约有 38 000 人自杀，是遭凶杀人数的两倍还多。几乎在每一个年龄层中，自杀都排

第二章 承认自己不知道

在死亡原因的前10位。因为讨论自杀触及强烈的道德禁忌，所以这些事实鲜为人知。

在写这本书时，美国的凶杀率降到了50年来的最低值。交通事故死亡率也处于历史最低点，比20世纪70年代下降了2/3。整体人口的自杀率则几乎纹丝未动，而15~24岁人口中的自杀率在过去几十年内还增加了2倍。

也许有人会想，在研究了过去大多数自杀案例之后，我们已经找不到新的自杀缘由了。

新泽西州理查德斯托克顿学院心理学教授戴维·莱斯特在自杀课题上可以说比任何人都更有研究。他研究的时间更长，内容更深入，角度也更多。他研习了2 500多份学术资料，探索了自杀与一系列因素之间的关系，包括酒精、愤怒、抗抑郁药、星座、机体组织、血型、体形、抑郁症、药物滥用、枪支管制、幸福感、假期、互联网使用、智商、精神疾病、偏头痛、月相、音乐、国歌歌词、性格类型、性别、吸烟、精神生活、看电视以及开阔空间。

莱斯特从研究中得出关于自杀的重大、标准理论结果了吗？还差很远。到目前为止，他提出了一个令人信服的观点，你可以称之为"无处归咎责任"自杀理论。你可能认为生活艰辛的人更有可能自杀,实际上莱斯特和其他人的研究得出了相反的结论:在生活质量较高的人群中,自杀行为更为常见。

"假如你活得不开心,并且有怪罪的对象,比如政府、经济等,这些对象多多少少能防止你自杀,"莱斯特说,"而当你的忧郁并无可归咎的外在对象时,你才更有可能自杀。我一直用这个理论来解释为何非裔美国人的自杀率较低,盲人复明后为何常出现自杀倾向,以及青春期少年的自杀率为何与他们的生活水平成正比。"

尽管如此,莱斯特承认他和其他专家对自杀问题的理解只是冰山一角。我们对很多方面还不甚了解,比如在企图自杀之前寻求或得到帮助的人占比多少。我们对"自杀冲动"也知之甚少——从决定自杀到付诸行动的时间有多长。我们甚至不清楚自杀者中患有精神疾病的人的比例,莱斯特说在这个问题上存在着很大争议,估算数据范围在 5%~94%。

"人们认为我应该知道'人为什么自杀'这类问题的答案,"莱斯特说,"而我和朋友们闲暇时常常承认自己真的不知道人为何想要自杀。"

如果连戴维·莱斯特这种专业领域的世界权威都愿意承认

自己还有很多需要学习，我们岂不是更应去学习？那么，让我们开始学习吧。

学习的关键是反馈。没有反馈是很难学到任何东西的。

想象自己是史上第一个试图制作面包的人，但你不能通过实际烘焙来检验配方。当然，你可以任意调整配方。可是你若不能实际烘焙并品尝成品，又怎么会知道是否成功呢？面粉与水的比例究竟该是3∶1还是2∶1呢？加入盐、油或酵母，抑或动物粪便，会有怎样的效果呢？烘焙前要醒面吗？醒多久？在什么环境中醒面？需要烘焙多久？烘焙温度是多少？

即便有了很好的反馈，学习也是需要时间的。（想想最初烘焙的一些面包有多糟糕！）但没有反馈，一丁点儿都学不到，你会永远犯同样的错误。

幸亏我们的祖先研究出了烘焙面包的方法，之后我们又学会了做很多事：盖房、开车、编程乃至分析出何种经济、社会政策是选民所偏爱的。选举恐怕是最草率的一种反馈方式，但它依然是反馈。

在简单的情形里很容易得到反馈。学车时，如果你在山路上以每小时 80 英里的速度急转弯，后果显而易见。（你好，山谷！）然而问题越复杂，便越难捕捉到高质量的反馈。你会获取很多事实，这些事实也许有所帮助，但若想更准确地衡量因果关系，你必须深度剖析这些事实。你或许需要特意通过实验来获取反馈。

不久前，我们见到了某大型跨国零售商的几位高管。他们每年要花数亿美元在美国打广告——大多是电视广告和周日报纸中的宣传页，然而他们并不确定这些广告是否奏效。到目前为止，他们得出了一个结论：从金钱角度来看，电视广告的效益大概是印刷广告的 4 倍。

我们问他们是如何得出这个结论的。他们立刻打开五颜六色、华丽漂亮的幻灯片图表，上面显示了电视广告与产品营销之间的关系。没错，每次广告播出后，销售量都猛涨。真是有价值的反馈，不是吗？嗯……让我们再想一想。

我们又问这些广告多长时间播出一次。高管们解释道，因为电视广告比印刷广告贵很多，所以他们的电视广告都集中在黑色星期五[①]、圣诞节和父亲节这三天。也就是说，公

[①] 感恩节之后的星期五。这是美国商家每年打折力度最大的一天，可谓传统的打折购物日。——译者注

第二章 承认自己不知道

司把上亿美元的广告费花在了那几天本就会去消费的上亿人身上。

那他们又怎能知道是电视广告促进了销量增长呢？他们无法确定！这种因果关系或许反之也成立：销量的增长促使公司购买更多电视广告。或许即便公司一分钱广告费都不花，也会达到相同的销量。这个例子中的反馈实际上没有价值。

之后我们又问起印刷广告。多久刊登一次？一位高管骄傲地回答：在过去的20年里，公司在全美250个市场区域每周日都会刊登报纸夹页广告。

他们又怎样得知这些广告是否奏效呢？他们不可能知道。从来没有变化，因而根本无从得知。

我们建议公司做个实验来寻找答案。在科学领域，随机对照实验是千百年来获取知识的黄金准则——如此有趣的事为什么都让科学家做了呢？我们描述了一项可能适合公司来做的实验。他们可以选择全美40个主要市场区域并把它们随机分成两组。在第一组，公司继续购买周日报纸夹页广告。在第二组，他们要彻底放任自流，不买任何广告。三个月后比较两组的销量，就能清楚看出印刷广告是否奏效了。

"你疯了吗？"一位市场高管说，"我们不可能对20个市场放任自流。首席执行官会杀了我们的。"

"对呀,"另一个人说,"那就成了匹兹堡的那个小孩了。"

什么匹兹堡?哪个小孩?

他们给我们讲了一个暑期实习生的故事。那个实习生本该打电话购买匹兹堡地区各种报纸的周日广告,但不知出于何种原因,他搞砸了,没有打电话。所以那一整个夏天,公司在匹兹堡多数地区都没能刊登广告。"是呀,"一位高管说,"那次我们差点丢了饭碗。"

所以那个夏天匹兹堡地区的销量发生什么变化了吗?我们问。

他们看看我们,又看看自己人,最后羞怯地承认根本没有想到去查看数据。他们回公司查找并分析数据之后发现了令人震惊的事:在那个没有广告的夏天,销量丝毫没有受到影响!

这才是有价值的反馈,我们说。公司这几亿美元的广告费很有可能是浪费。而高管们又该怎样确认这一点呢?那40个市场的实验对回答这个问题是很有帮助的。所以我们问道:你们准备好试一试了吗?

"你们疯了吗?"市场高管再次说道,"那样我们都会被炒鱿鱼的！"

直到今天，每个星期天、每个市场区域的报纸上依然刊登着这个公司的广告，尽管他们曾获得的唯一真实的反馈表明：广告无效。

我们建议的实验虽然在这些高管看来是歪理邪说，但实际上并不稀奇，只是有些麻烦。它能够巧妙地为公司高管获取他们所需的反馈。我们不能保证反馈结果是高管们乐于看到的，或许他们需要花更多钱在广告上，或许广告仅在某些市场中奏效，但他们至少了解了什么有效、什么无效。一个好的实验妙就妙在，它能够通过一个改变来排除一切复杂因素的影响，呈现出某种因果关系。

可惜，此类实验在企业、非营利性机构、政府以及其他领域中还很少见。为什么？

其中一个原因是传统。经验告诉我们，很多机构是综合直觉、道德观以及前任决策者的行事习惯来做决定的。

第二个原因是缺乏专业知识。虽然做实验不难，但多数人没有学过如何做实验，所以有惧怕心理。

不过还有第三个，也是更可怕的原因，解释了为何大多数人不情愿去做实验：他们需要先说出"我不知道"。为什么在自认为知道答案的情况下还要自找麻烦去做实验呢？与其浪费时间，不如直接为项目拍板、投资，或者直接批准某项规章制度，而不必操心那些愚蠢的细节，比如它是否奏效。

但假如你愿意进行魔鬼式思考，并愿意承认自己不知道，你便会发现设计完善的随机实验具有无限神奇的能量。

当然，也不是每种情形都适合做实验，尤其在处理社会问题时。在多数地区，至少是在多数民主社会中，你不能随机选择部分人口，并命令他们生10个孩子而不是生两三个，或者20年里只吃扁豆，抑或每天去教堂。这就是为什么关注"自然实验"是值得的，某种对系统的冲击会使这一系统产生与随机控制人口行为类似的反馈。

我们在之前几本书中探索过自然实验。为了衡量数千万人入狱的冲击作用，我们抓住了几个民权诉讼案的机会——某些州的监狱过于拥挤，这迫使他们释放了数千名罪犯。州长或市长是不会主动这样做的。在分析堕胎和犯罪的关系时，我们利用各州堕胎合法化的时间差，分别研究这种改变带来的影响。倘若所有地区同时允许堕胎，这样的分析便不那么容易进行下去。

第二章 承认自己不知道

天知道，类似的自然实验很少见，实验室实验是一种替代方法。全世界的社会科学家近来纷纷进行这种实验。他们召集了一大批本科生，分析他们在不同场景中的行为，希望由此了解利他主义、贪婪、犯罪等一切。实验室实验特别利于探索在现实生活中不易捕捉到的行为。结果通常令人惊叹，但并不意味着能获取有用信息。

为什么呢？因为大部分实验无法真实再现现实生活场景，反而像学术界的市场调研小组——一小群被挑选出来的志愿者在人为环境中努力完成被布置的任务。实验室实验在自然科学领域至关重要，部分原因是中微子和单孢体在被观察时不会发生性质改变，而人则不然。

还有一个获取反馈的更好方式——现场实验，也就是说把实验室搬到现实场景中，而不是在实验室中模拟现实场景。你依然在做实验，但实验对象却不一定知晓。这意味着你将收获不掺杂质的反馈。

在现场实验中，你可以随机设计实验，包含实验室里不可能容纳的人数，观察他们对真实诱因的反应，而非教授走来走去给出鼓励时的反应。现场实验若能做好，就能从根本上提升问题的解决方式。

这样的实验已然存在。在第六章，你会看到两个巧妙的现场实验，一个成功地使加州住户减少了用电量，另一个帮助慈善机构集资数千万美元以帮助贫困儿童。在第九章，我们会为你讲述我们做过的最大胆的实验，我们召集了面临重大人生抉择（是否参军、是否辞职、是否结束一段浪漫关系）的人，用掷硬币的方式随机为他们做了决定。

···

除了实验的效力以外，还有一个原因会让魔鬼式思考者想要尝试实验：它们很有趣！你一旦拥抱了实验精神，世界便成为供你尝试新主意、提出新问题、挑战旧规则的大沙盘。

你或许曾为酒价的天壤之别而震惊。高价酒当真更好喝吗？几年前，我们的同事专门为此做过一个实验。

实验在哈佛大学的一个学者学会中进行。博士后在这里做学术研究，且每周要与德高望重的学术前辈共进晚餐（非常正式）。葡萄酒是这些晚宴的重要组成部分，而这个学会有着颇为傲人的藏酒，100美元一瓶的酒在这里很常见。我们的一位年轻学者好奇这样的高价是否合理。几名身为葡萄酒行

第二章 承认自己不知道

家的老学者向他保证：昂贵的酒通常要比廉价酒好喝很多。

这个年轻学者决定举行一次葡萄酒盲品会来验证老学者们的话。他让服务人员从学会的酒窖里拿出两瓶陈年好酒，接着他去酒类专卖店买了一瓶用同类葡萄酿的最廉价的酒，花了8美元。他把三瓶酒倒入四个醒酒器中——从酒窖里拿出的其中一瓶酒被倒入两个醒酒器中。详见下表：

醒酒器	葡萄酒
1	贵酒A
2	贵酒B
3	廉价酒
4	贵酒A

盲品时，老学者们非常合作。他们摇杯、闻香、小口品尝；他们填好了调查卡，标示出对每种酒的评价。他们不知道其中一瓶酒的价钱是其他酒的1/10。

结果如何？四个醒酒器中的酒得到的平均分是很相近的，也就是说，廉价酒尝起来并不比贵酒差。这还不是最令人惊讶的发现。这名年轻学者还对比了品酒者对这"四种"酒的评价。你能猜到哪两种酒被认为差别最大吗？1号和4号——从同一瓶酒中倒出来的！

这类发现并不会赢得满堂彩。一位老学者——品酒行家——大声宣布自己患了感冒,所以影响了味觉,然后愤然离席。

好吧,或许这个实验不太正规——或者说不太科学。要是能看到设计更完善的实验的结果,岂不是很好?

罗宾·戈德斯坦学过神经科学、法律和法式烹饪,也是一位美食、美酒评论家,他决定做这样一个实验。几个月里,他在全美召集了500余人,组织了17次盲品会,这些人中有初级品酒员、侍酒师以及酿酒商。

戈德斯坦选用了523种酒,价格在1.65美元至150美元之间。品酒者和侍酒者都不知道酒的品种和价格。每品完一种酒,品酒者就要回答这个问题:你觉得这酒怎么样?答案包括:"糟糕"(1分)、"还行"(2分)、"好"(3分)和"很棒"(4分)。

结果所有酒的平均得分是2.2,也就是略高于"还行"。那么是较贵的酒得到了更高的分数吗?不是。戈德斯坦发现,实验对象"略微"偏爱廉价酒。他还谨慎地说明,约12%的参与者是内行,他们都接受过某种品酒培训,这些人并没有偏爱廉价酒,但很显然也没有更欣赏贵的酒。

第二章　承认自己不知道

你在挑选葡萄酒时，是否有时会根据标签的漂亮程度做购买决定？罗宾·戈德斯坦的调查结果显示，这个办法并不赖：至少标签是容易区分的，不像瓶里的酒。

注定要成为葡萄酒界"异教徒"的戈德斯坦还要尝试另一项实验。如果昂贵的价签并不意味着更好的口感，那么酒评家给出的分数和奖项还有意义吗？在这个领域最出名的莫过于《葡萄酒观察家》杂志。它对上万种酒做过评论，并把卓越奖章颁发给"拥有上好酒类选择，在价钱和风格上均与之相配的丰富菜品"的餐厅。全世界只有几千家餐厅拥有这个殊荣。

戈德斯坦好奇这奖项是否名副其实。他开了一个虚假餐厅，把它设定在米兰，还为它建了网站和菜单——简单却花哨的意大利菜品的有趣大杂烩。他给餐厅起名为"Osteria L'Intrepido"，翻译过来就是"无畏餐厅"的意思，这个名字源于他自己出的餐厅指南《无畏评论》。"我们想探索两个问题。"他说，"首先，是否一定要有好酒名单才能获得《葡萄酒观察家》颁发的卓越奖章。其次，要获此殊荣是否真的要有酒单上的酒。"

戈德斯坦精心为这个虚拟餐厅设计了酒单，但设计思路和你想象中的不同。在酒单上，通常应列出餐厅里最好、最贵的酒，而他选择了品质特别糟糕的酒，包括《葡萄酒观察家》曾用百分制评过的15种酒。在这个百分制中，90分以上表示"出色"，80分以上至少是"够好"，75~79分为"中等"，任何低于74分的酒都属于"不推荐"的范畴。

戈德斯坦选的15种酒得分如何呢？它们平均下来得到了可怜的71分。其中一种被《葡萄酒观察家》形容为"闻起来像谷仓，尝起来像腐蚀物"。该杂志对另一种是这样评价的："涂料稀释剂和指甲油的味道有点儿重。"一种名叫"I Fossaretti"的1995年赤霞珠仅得到58分，该杂志对它的评价是这样的："有点儿问题……尝起来有金属味，很奇怪。"在戈德斯坦的酒单上，这种酒卖到120欧元一瓶，而这15种酒的平均价格是180欧元一瓶。

餐厅是假的，酒单上最贵的酒在《葡萄酒观察家》那里得到的评价也很差，戈德斯坦怎会期待他有可能获得卓越奖章呢？

"我猜想，"他说，"那250美元申请费真的是申请过程中很有用的一部分。"

他把支票、申请表和酒单寄了出去。不久后，这家假餐

第二章 承认自己不知道

厅接到了《葡萄酒观察家》打来的真电话，它获得了卓越奖章！杂志社还问戈德斯坦："您有没有兴趣在下一期杂志中刊登贵餐厅获奖的广告？"戈德斯坦因此得出结论：整个颁奖设计不过是个广告骗局。

我们问他，这是否意味着我们这两个对开餐厅一无所知的人，也能期待着有朝一日获得《葡萄酒观察家》颁发的卓越奖章？

"没错，"他说，"只要你们的酒够难喝。"

或许你在想，这类"奖项"多少都是营销噱头。你也明白，昂贵的酒不一定更好喝，打广告的钱很多都是浪费。

不过很多浅显的道理只有在事实面前才变得一目了然——这需要有人花时间和精力去研究、去证明。只有当你不再不懂装懂后，才能释放出研究的冲动。不懂装懂的诱惑太大了，你必须变得更勇敢。

还记得那些编造"玛丽去海滩旅行"故事细节的英国儿童吗？研究者们又做了一个后续实验，叫作"帮助儿童在问题无解时坦率地说'我不知道'"。研究者再次向儿童提出了一系列问题，但这次不同的是，他们直接告诉孩子们，要是没有答案，就说"我不知道"。好消息是，这一次，孩子们极为成功地适时承认"我不知道",这也没有影响他们对其他问题的正确回答。

让我们从孩子们的进步中得到些鼓励吧!下次当你面对不懂的问题时,请直说"我不知道"。当然,还可以加一句——"但或许我可以找到答案。"然后请尽你所能寻找答案。你会惊讶地发现人们是多么欢迎你的坦诚,尤其当你在一天或一周后找到了真正的答案时。

即便进展没有那么顺利,你的老板对你的无知冷嘲热讽,抑或无论怎样尝试都找不到答案,偶尔说"我不知道"依然有另一个更具策略性的好处。假设你已经说过几次"我不知道",下次当你陷入真实困境、面临无法解答的问题时,直接编造一个答案,每个人都会相信你,因为你是那个疯狂的、常常会承认自己不知道答案的人。

毕竟,坐在办公室,并不意味着可以停止思考。

第三章

你的问题是什么？

如果说连承认自己不知道都需要很大勇气，那么请想象一下承认自己连正确的问题都不知道会有多难。但要是你问了错误的问题，那很有可能答案也是错的。

思考一个你非常希望解决的问题，比如是肥胖流行病、气候变化，抑或美国公立学校教学质量下滑的问题。现在问问自己，你认为其中的问题出在哪儿。十有八九，你的观点是深受大众媒体影响的。

大多数人没有时间，或者也不想深思这些大问题。我们更倾向于听别人怎么说，一旦产生共鸣，便将自己的认知附加在别人身上。此外，我们更关注问题中困扰自己的部分。或许你不同意"教学质量差"这个说法，因为你的祖母是老师，她对教育付出的心血比现如今的老师多。对你来说，教学质量的下降明显是因为有太多糟糕的老师。

让我们进一步思考一下这个问题。在美国教育改革浪潮中，关于教育关键因素的理论比比皆是：学校规模、课堂大小、行政稳定性、科技投资，以及——没错——师资力量。毋庸置疑，好老师优于坏老师，整体师资力量自我们祖母那个年代后就逐渐下滑也是事实，部分原因是现如今聪明的女人有太多职业选择。还有，在芬兰、新加坡、韩国等国，未来教师是从最优秀的大学生中挑选的，而在美国，未来教师则更有可能出自班级的后进生。所以每个关于学校改革的对话都聚焦于师资力量或许并不是没有道理的。

然而海量证据显示，相较于师资力量，还有另外一系列截然不同的原因对学生表现的影响更显著：孩子从父母那里学到什么，孩子在家学习的用功程度，以及父母是否培养了孩子的求知欲。少了这些家庭投入，学校能做的会非常有限。学生在校时间每天只有 7 个小时，一年 180 天，也就是学生醒着时间的 22%。而这段时间也不都是用于学习的，他们还要交际、吃饭，上学、放学路上也得花时间。对于很多孩子来说，生命最初的三四年完全是在家里度过的，与学校无关。

第三章 你的问题是什么?

可是严肃人士讨论教育改革问题时,很少提及家庭在孩子的发展中扮演的角色。部分原因在于,"教育改革"这个词就预示着一个问题:我们的学校怎么了?而现实中更该问的问题是:为什么美国儿童不如爱沙尼亚或波兰的儿童知道得多?当你变换问题时,寻找答案的方向也将不同。

所以当我们讨论美国儿童为何表现不佳时,我们应该多谈谈父母的影响,而不是学校。

在我们的社会中,想当发型师、搏击手、猎手或老师,都需要接受训练并得到州立机构颁发的证书。可是做父母却不需要任何资格证。任何有生育能力的人都能"创造"孩子,不必接受考核,也可以用自认为合适的方法带孩子,只要孩子身上没有明显瘀青,然后再把孩子交给学校,期待着教师们能够施展魔法。或许我们对学校要求得太多,而对父母和孩子本身又要求得太少了。

更广义地说,不论你想解决的问题是什么,请确定你不是在专攻动静较大、吸引你注意力的环节。在你倾入所有时间和资源之前,恰当地定义问题至关重要,若能"重新定义"问题则更佳。

一名谦逊的日本大学生在接受我们大多数人都无法想象

也不愿面对的挑战时,就是这么做的。

2000年秋,一名年轻人在日本三重县四日市大学研读经济学,后来大家都叫他小林,他和女友久美住在一起。他们因为交不起电费,就在公寓里点蜡烛度日。他们都不是富裕家庭的孩子——小林的父亲是一个佛教信徒,在一间寺院里给人讲解寺院的历史。小林和女友已经交不起房租了。

久美听说有个比赛,胜者能获得5 000美元的奖金。她私下寄了张卡片为小林报名参赛。那是个竞争大胃王的电视节目。

这明显不是个好主意。小林从不暴饮暴食,他身形瘦削,身高刚够1.7米,不过的确胃口很好。小时候他就常常扫光自己和姐妹盘子里的食物。他认为身材根本不能说明问题。他儿时心中的英雄之一就是相扑冠军千代富士,人称"狼"。千代身材较为小巧,但超凡的技巧弥补了这个劣势。

小林勉强答应参赛。他唯一的机会便是从策略上打败对手。他在大学学过博弈论,现在派上用场了。大赛分为四个环节,分别吃煮马铃薯、海鲜大碗、蒙古烤羊肉和面条。只有每个环节里最先吃完的人才能晋级。小林事先研究了之前

第三章　你的问题是什么？

同类型的大胃王比赛，他觉得大多数参赛者在前几轮里都吃得太猛，以致即便晋级，也很难在决赛上有出色的表现。他的策略是节省能量和胃容量，只吃足够让他晋级的分量。这并不是什么深奥的道理，不过他的对手也不是深刻的思想家。在决赛中，小林一定是和儿时偶像产生了感应，狼吞虎咽，吃下了足够的面条，赢得了5 000美元。小林和久美公寓里的灯泡又亮了起来。

从日本各种大胃王比赛中能赚到不少钱，但尝过业余比赛成功的滋味后，小林迫不及待地想要加入专业行列。他把目光锁定在大胃王比赛中的"超级碗"：内森国际吃热狗大赛。这个比赛已在纽约康尼岛举办了约40年——《纽约时报》和其他媒体曾报道比赛可以追溯到1916年，但比赛的宣传人员已经承认这段历史是捏造的。这个比赛每年能为ESPN（美国娱乐与体育节目电视网）吸引100多万观众。

规则很简单。选手必须要在12分钟内吃下尽可能多的热狗。结束铃声响起时，只要选手能最终咽下去，嘴里的食物也算在总食量内。不过在比赛过程中，选手要是把已放进嘴里的热狗吐了出来——在大胃界被称作"财富的反转"，会被取消参赛资格。参赛者可以自备调味料，但没人费这个事。

也可以带饮料，不限种类，不限数量。2001年，当小林决定参加这个比赛时，比赛最高纪录是令人震惊的12分钟内吃下$25\frac{1}{8}$个热狗。

他在日本的家中练习。他很难找到符合比赛标准的热狗，只能用鱼肠代替肉肠，将整条面包切片来代替热狗面包。他默默地训练数月，默默地来到康尼岛。一年前，该项比赛的前三名都是日本人——人称"兔子"的荒井和丰保持着世界纪录。人们也并不觉得今年这个新人具有威胁性。还有人以为他是个高中生，真是那样的话，他将不能参赛。一名参赛者嘲笑他说："你的腿比我的胳膊还细！"

他的成绩如何呢？第一次参加这个比赛的他横扫全场，并创下了新纪录。你猜他吃下了多少个热狗？记住，原先的纪录是$25\frac{1}{8}$个。合理的猜测是27~28个，这比原纪录要高出10%还多。你若更大胆一些，或许猜他多吃了20%，那就是在12分钟内吃下略多于30个热狗。

可是他吃了50个。50个！也就是每分钟吃下4个多热狗，并持续了12分钟。23岁瘦弱的小林——全名是小林尊——几乎使原纪录翻了一倍。

想想这两个纪录之间的差距吧。或许康尼岛吃热狗大赛的历史意义比不上百米赛跑，不过让我们换个情境来理解一下。我们撰写此书时，百米跑的世界纪录——9.58秒——是由牙买加短跑选手尤塞恩·博尔特保持的。即便是在如此短的赛程中，博尔特依然能和对手拉开几步距离，他被公认为世界上最优秀的短跑运动员。在他之前，世界纪录是9.74秒，也就是说，他把速度提升了1.6%。若是换成小林尊提升的百分比，那么博尔特的百米跑成绩就会是4.87秒，相当于每小时46英里（约74千米），这个速度介于灵缇犬和猎豹的速度之间。

之后，小林尊连续获得五届康尼岛大赛冠军，把纪录提升到了 $53\frac{3}{4}$ 个热狗。之前的选手最多连赢三届，更别提连赢六届了，而他的特殊不仅仅在于胜利或两个纪录间的差距。往常的胜利者看上去好像能把小林尊也吞进肚子里，他们都是以在联谊会上能一口气吞下两大张比萨和半打啤酒而闻名的家伙，而小林尊说话温和、风趣幽默又善于分析。

他成了国际巨星。在一名日本学生因模仿他的大胃英雄而窒息身亡后，全日本对大胃王比赛的热情冷却了。然而小林尊在其他国家参加了不少比赛，刷新了吃汉堡、德国香肠、夹馅面包、龙虾卷、墨西哥鱼肉卷等食物的纪录。他唯一一次失手，是在一个一对一的电视比赛中。约2.5分钟内，他吃了31个热狗肠，而对手吃了50个，这个对手是一头半吨重的科迪亚克棕熊。

最初他在康尼岛的连续称霸令人困惑。有些对手认为他作弊。或许他服用了肌肉松弛剂或抑制呕吐反射的药物？还有传闻说他曾经吞下石头来把胃撑大。也有闲言碎语说小林尊是日本政府密谋派去羞辱美国人的——这比赛可是在美国独立日举办的！还有人说日本医生为他植入了第二个食道或胃。

但是，这些指责貌似都不对。那么为何小林尊的成绩比对手好那么多呢？

我们曾在不同场合中与他会面，试图回答这个问题。第一次见面是在一个夏天的晚上，我们在纽约上西区低调别致的卢森堡咖啡馆里共进晚餐。小林尊吃得很精细——一小盘蔬菜沙拉、英式早茶、少许不配酱料的鸭胸肉。很难想象这和铃声响起时往嘴里塞了那么多热狗的是同一个人，我们就好像在看一个笼斗士绣花。他说："跟美国选手比起来，我平时吃得不多。吃饭太快也是不礼貌的。我做的一切都是违背

第三章 你的问题是什么？

日本人的礼仪和精神的。"

小林的母亲并不关心他的职业选择。"我从来都不会向她提起我的比赛或训练。"然而2006年，他的母亲因患癌症病危时，仿佛从小林尊的职业中得到了鼓励。"她在接受化疗，所以总是想吐。那时她对我说，'你吃太多时也在努力克制着别吐出去，所以我觉得我也能试试，也能坚持'。"

他的五官很精致——温和的眼神、高高的颧骨，他看上去很有灵气。他的发型也很时髦，还染了发，一边是红色，一边是黄色，代表番茄酱和黄芥末。他先讲了第一次参加康尼岛大赛前是如何训练的，语气平和而有力。原来那几个月的封闭式训练就是无数回合的实验与改进。

小林尊发现，康尼岛大赛大多数参赛者用的是相同的策略，或者根本称不上策略，也就是一个普通人在后院烧烤时吃热狗的快进版：拿起来，塞进嘴里，从头嚼到尾，再喝口水送下去。小林尊在想，还有没有其他的方式。

哪里也没写着吃热狗必须要从一端吃到另一端。第一个实验很简单：他想知道把热狗掰断后再吃会怎样。他发现这种方法给了咀嚼和传送食物更多的可能性，也让手帮忙做了些嘴巴的工作。这种方法后来被称作"所罗门法"，名字来源于《圣经》中的所罗门王——他威胁着要把婴儿分成两半，来解决两个女人同认一个婴儿为子的纠纷（第七章中会详细讲到）。

小林尊又挑战了另一个传统的吃法：面包和肉肠一起吃。毫不意外，人们都是这样吃的。肉肠舒服地躺在面包里，在悠闲地吃热狗时，软而清淡的面包与油腻鲜美的肉肠是完美的组合。然而小林尊可不是要悠闲地吃热狗。他发现面包和肉肠一起咀嚼时会产生密度矛盾。肉肠是一管经压缩的密实的咸肉，基本上可以直接滑入食道。而蓬松、不那么密实的面包既占空间，又需要多次咀嚼。

于是他开始分开吃面包和肉肠。现在他可以先吃一些被掰成两半的肉肠，然后再吃面包。他就像一人工厂，朝着自亚当·斯密以来就让经济学家热血沸腾的专业化分工而努力。

尽管他现在吞肉肠就像水族馆里被驯服的海豚吞鲱鱼一样，吞面包却依然是个问题。（如果你在酒吧里打赌想获胜，就挑战对方在一分钟内不喝饮料吞下两个热狗面包，这几乎是不可能做到的。）于是小林尊做了不同的尝试。他一手往嘴里塞入已被掰断的肉肠，一手把面包浸入水杯，然后挤出多余水分，再把面包塞入嘴巴里。这貌似有违直觉。在需要空间来装热狗时为何还要摄取多余的液体呢？但浸湿面包有一个隐藏的作用。吃湿面包让小林尊在吃热狗的过程中不会感到口渴，这就节省了喝水的时间。他试过不同水温后，发现温水最适合，能够帮助放松咀嚼肌。他还往水里加入了植物油，以助吞咽。

他进行了无数实验。他用摄像机录下了自己的训练过程，在表格上记录每个数据，试图发现低效环节和每一毫秒的浪费。他还对节奏进行了实验：前4分钟尽快吃、中间4分钟放缓、最后4分钟冲刺，还是始终保持均速？（他发现，一开始尽快吃是最佳策略。）他还发现，多睡觉至关重要。负重训练也是：强健的肌肉有助于进食，也能抑制呕吐。进食时跳动并扭动身体也能给他的胃部腾出空间——这种奇怪的舞动后来被称作"小林尊抖动"。

被淘汰的策略和被采纳的同样重要。与其他选手不同，他从来不在自助餐餐馆中进行训练。（"这样我会不知道哪种东西吃了多少。"）他在吃东西时也不听音乐。（"我不想听见任何多余的声音。"）他发现喝几加仑的水能把胃撑大，但后续影响是灾难性的。（"我开始犯各种病，就像癫痫发作。所以那样做是个大错误。"）

小林尊发现结合上述几种方法，身体上的准备能使他进入一种升华的精神状态。"一般情况下，10分钟内要吃那么多，最后的两分钟是最艰难的，你会发愁。但当你无比专注时，那便成了享受。你能感觉到痛苦和折磨，但与此同时，你变得更加兴奋。那便是快感来临的时刻。"

不过等一下，抛开这种种方法上的创新，小林尊会不会只是个生理结构上的怪胎——百年不遇的进食机器？

反对这一观点最有力的证据是，他的竞争者迎头赶上来了。小林尊在康尼岛连续称霸6年后，一名美国选手，人称"大白鲨"的乔伊·切斯特纳，接连获得了7次冠军——截至本书撰写之时。

他常常险胜小林尊。他俩连连刷新世界纪录，切斯特纳在10分钟内吞下了令人难以置信的69个热狗（比赛在2008年被缩短到10分钟）。同时，不少对手，包括"深盘"帕特里克·贝尔托莱蒂和"X食客"蒂姆·贾纳斯，也常常打破小林尊最早创造的纪录。女性组纪录保持者、98磅（约44千克）重的"黑寡妇"索尼娅·托马斯也是，她在10分钟内吃下了45个热狗。一些小林尊的对手模仿了他的部分策略。而所有人都从中增长了见识：原本认为是异想天开的12分钟吃

40 或 50 个热狗，其实根本不是幻想。

2010 年，小林尊与康尼岛大赛的组织者产生了合同纠纷——他宣称大赛限制了他参加其他比赛的自由，却也不让他参加康尼岛的比赛。而他依然兴奋地出现在赛场，跳上舞台，即刻便被铐住逮捕。这个鲁莽的举动与一个如此自律的人的个性并不相符。在监狱的那个晚上，他得到了一个三明治和一杯牛奶。"我很饿，"他说，"我希望监狱里有热狗。"

小林尊如此辉煌的成功，是否可以运用在比快速吃热狗更有意义的事情中呢？我们相信答案是肯定的。如果你进行魔鬼式思考，你会发现我们从中至少能吸取两个广义的经验。

第一个是有关于解决问题的一般方式。小林尊重新定义了问题。他的对手问了什么问题呢？基本都是：我怎样才能吃更多的热狗？小林尊问了一个不同的问题：我怎样才能让热狗更易下咽？这个问题引导他进行实验，不断优化策略。在重新定义问题后，他才发现了一系列新的答案。

小林尊把竞争性进食看作与日常吃饭截然不同的活动。他把它看作一项体育运动——或许对大多数人来说这项运动令人作呕，就如任何体育运动一样，它需要有针对性的训练、策略以及对身体和精神的操控。把大胃王比赛看作日常吃饭的衍生版对小林尊来说，就好像把马拉松比赛看作散步的衍生版。当然，我们大多数人都能走不少路，必要的话甚至能走很久。不过完成马拉松比赛，相比之下还是要复杂些的。

当然，重新定义大胃王比赛的问题，比类似挽救摇摇欲坠的教育系统或解决地方性贫困问题要容易很多。不过即便是面对如此复杂的问题，像小林尊一样敏锐地分析问题核心，仍不啻为一个好的开始。

从小林尊的成功中学到的第二个经验，关乎我们接受或拒绝接受的极限。

跟小林尊在卢森堡咖啡馆吃晚餐时他告诉我，开始训练时，他拒绝承认康尼岛大赛当时 $25\frac{1}{8}$ 个热狗纪录的合理性。为什么？因为他认为他的早期对手在吃热狗方面一直都没有找到真正的问题所在，所以这个纪录不能代表什么，只是一个虚无的障碍。

所以他参赛时也没有把 $25\frac{1}{8}$ 这个数字看作某种上限。他训练自己的思维，完全不去理会已经吃了多少热狗，而是彻底聚焦于吃的方法。倘若他在精神上对 $25\frac{1}{8}$ 的极限有所敬畏，他还能在第一次比赛中取胜吗？或许也能吧，但是使纪录翻番便不可想象了。

科学家在实验中发现，就连顶级运动员都会因被谎告世界纪录而表现更佳。在一个实验中，自行车手被要求以最快速度在健身自行车上蹬出4 000米。然后研究人员让他们重复这个任务，同时观看自己上一次蹬车的移动图像。他们有所不知，研究人员调快了图像播放速度。然而自行车手都可以跟上这个速度，超越了他们原本认知中的"最快速度"。"大脑才是最关键的器官，而不是心或肺。"著名神经学专家罗杰·班尼斯特说。他也是第一个在4分钟内跑完一英里的人。

我们每个人每天都面对着各种障碍——身体上的、经济上的、时间上的等等。有些无疑是实际存在的，而有些则纯粹是虚无的——对某种系统功能的期待、哪种程度的改变算"适度"，或者哪些行为是可以接受的。下次当你遇到障碍时——由不具备你那样的想象力、动力和创造力的人强加的障碍，请仔细考虑忽视它。解决问题已经够难的了，如果你事先就判定无法做到，那就难上加难了。

假如你怀疑人为设限的负面力量，那么可以做个简单的测试。假设你很久没有锻炼，想快速恢复体形。你决定做俯卧撑。做几个呢？嗯，好久没做了，你这样告诉自己，那就先做10个吧。于是你开始做了。你什么时候会从精神上和身体上感觉到累呢？大概是在做到第7个或第8个时。

想象你给自己定下的目标是20个，而不是10个。你又会做到第几个时开始感觉到累呢？现在就去做，趴到地上试试。估计你在做到十一二个之前都不会想起自己多么缺乏锻炼。

第一年，小林尊就是因为忽视吃热狗纪录才轻松冲过25这个数字的。在每年的康尼岛比赛中，每个选手面前都有一位女士负责翻牌子计数给观众看。那一年，牌子上的数字不够用了。在小林尊面前计数的女士不得不举起一张张黄色纸片，上面是手写的歪歪扭扭的数字。比赛结束后，日本记者问小林尊感受如何。

他说："我还可以继续。"

第四章

真相在问题的根源

面对人们已经研究过的问题并找出新的解决途径，需要思考者真正具有独创精神。

为什么能做到这点的人少之又少？或许因为，我们多数人在寻找答案时都倾向于最接近、最显而易见的原因。很难说这是后天形成的习惯，还是祖先遗留的基因所致。

在穴居人时代，知道某棵灌木上的果子是否能吃攸关性命。最临近的原因通常是最重要的。即便在今天，最临近的原因也常常能够完美地解释问题。如果你三岁大的孩子号啕大哭，而五岁大的孩子带着坏笑站在一旁，手里还握着一把塑料锤子，那么这锤子和哭泣多少有点关系——这会是个不错的猜测。

不过社会关注的大问题——犯罪、疾病、政治机能失调等——要复杂得多。它们的根本原因通常不那么直接、明显或易被感知。于是我们往往投资数百亿资金去治疗症状而不是为问题除根，问题得不到解决时，我们只能望洋兴叹。进行魔鬼式思考，意味着你要竭力找出问题的根源，并解决它。

当然，这说起来容易，做起来难。思考一下贫困与饥饿的问题：它们是由什么导致的？一个讨巧的答案是，金钱和食物的匮乏。因此，从理论上讲，向饱受贫困、饥饿问题困扰的地区空运大量金钱和食物就能解决问题了。

政府和救援组织这么多年来差不多就是这样做的。那么为何这些地方的贫困、饥饿问题还得不到解决呢？

因为贫困只是个症状，根源是缺乏基于可靠政治、社会及法律体制的有效经济体系。即便有一飞机的钞票也很难解决这个问题。类似地，食物匮乏也往往不是饥饿的根本原因。经济学家阿马蒂亚·森在他的著作《贫困与饥荒》一书中指出："饥饿是人们吃不到足够食物的表现，而不是没有足够食物的表现。"在那些政治和经济体制只为满足腐败的少数人的国家里，最需要食物的人民往往得不到食物。与此同时，

第四章　真相在问题的根源

在美国，我们扔掉的食物占已购食物的百分比达到了惊人的40%。

但是，解决腐败问题可比空运食物要难得多。所以即便是找到了问题的根源，你也有可能依然停滞不前。不过你在本章中将看到，偶尔天时地利人和，你将得到极大的回报。

在《魔鬼经济学1》一书中，我们推究了美国暴力犯罪率浮动的原因。1960年，犯罪率忽然上升。到了1980年，凶杀率已然是过去的两倍，达到了历史最高点。接下来的几年里，犯罪率居高不下。然而从20世纪90年代初期起，犯罪率开始持续下降。

究竟发生了什么？

有很多种解释，我们在《魔鬼经济学1》一书中对数种解释做了实证审评。下面是两组解释，其中一组对降低犯罪率有着重要的影响，而另一组没有影响，你能对号入座吗？

A	B
更严格的枪支管控法规	更多的警察
经济的飞速增长	更多人被关进监狱
更多的死刑	可卡因市场的衰落

两组都挺有理，不是吗？没错，不过当你铆足劲儿仔细分析数据后便会发现，几乎不可能找到真正的答案。

数据说明了什么呢？

A组因素尽管看似合乎逻辑，但并没有促使犯罪率下降。或许这会让你大吃一惊。枪杀案减少？你会想，那一定与新的、更严格的枪支管控法有关，直到你分析了数据才发现，那些用枪作案的人几乎完全没有受到枪支管控法的影响。

你或许认为20世纪90年代快速增长的经济起到了一定作用，然而历史数据显示，经济周期与暴力犯罪的关系非常弱。实际上，在2007年经济大衰退开始时，一大批权威人士就警告人们，长期以来令人欣慰的暴力犯罪缓解期即将结束。然而事实并非如此。2007—2010年，经济衰退最严重的几年里，凶杀率下降了16%。难以置信，现如今的凶杀率比1960年还低。

同时，B组因素——更多的警察、更多人被关进监狱以及可卡因市场的衰落——的确推动了犯罪率下降。不过我们加总这些因素的影响力后发现，它们依然无法充分解释犯罪率的下降。肯定还有其他原因。

让我们再仔细看看B组因素。它们触及犯罪的根本原因了吗?并没有。把这些因素称作"时效因素"似乎更说得通。雇用更多警察,抓更多犯人入狱,固然会降低罪犯的"短期供应",然而"长期供应"问题怎么解决?

在《魔鬼经济学1》一书中,我们指出了一个遗漏因素:20世纪70年代初通过的堕胎合法化法案。这个观点有些刺耳,却很容易理解。堕胎率的上升意味着因意外怀孕而出生的孩子数量会减少,也就是说在犯罪率高的不良环境中成长的孩子减少了。

考虑到美国有关堕胎问题的历史背景——没什么比这个问题在道德和政治角度更令人为难的了,这个观点必然会使堕胎反对者和支持者同样难堪。我们冒着引来口水战的危险坚持这一观点。

有趣的是,我们的观点并没有惹来多少恐吓信。为什么?我们的猜测是,读者足够聪明,能够理解我们只把堕胎看作促使犯罪率降低的一个因素,而非本因。那么本因是什么呢?很简单:太多儿童在不良环境中成长,最后被诱使走向犯罪的道路。而随着堕胎合法化后的第一代人逐渐成长,在那种环境中长大的孩子也越来越少。

直视本因会令人不安,甚至会引起恐慌。或许这也是为什么我们常常回避本因。讨论警察、监狱和枪支管控法案，可比讨论如何做合格的父母要容易多了。但你若要就犯罪问题进行有价值的讨论，那么合理的切入点便是慈爱、优秀的父母和家庭环境，他们有机会给孩子提供安全、充实的生活。

这或许不会是简单的一场讨论。不过当直面本因时，你至少知道你在与真正的问题做斗争，而不是在和影子打仗。

为了了解一个问题的本因而回溯至一代或两代人之前，这种做法或许令人望而生畏。不过在某些情况下，一代人的时间不过转瞬之间。

假设你是德国一家工厂的工人。你下班后和朋友坐在啤酒馆里，为各自的经济状况闷闷不乐。国家经济在繁荣增长，然而你和城镇里的其他人好像都在原地踏步。可是其他几个城镇的居民生活状况都有了很大提升。这是为什么？

为了找到答案，必须回到16世纪。1517年，一位名叫马丁·路德的德国年轻教士列出了95条针对罗马天主教会的论纲。他认为其中尤其令人厌恶的便是出售赎罪券——教堂宽恕大额捐赠者犯下的罪恶，以此敛财。（你可以想象路德在今天会谴责对冲基金和私募股权公司享受的税收待遇。）

第四章　真相在问题的根源

路德的大胆举动引发了一场宗教改革。那时德国由1 000多个独立邦国组成，每个邦国都有自己的王子或公爵。他们其中一些人拥护路德和新教，而另一些人则继续保持着对罗马天主教会的忠诚。这种分裂在接下来的几十年里给欧洲带来了巨大的影响，经常伴随着大规模杀戮。1555年，一个临时的解决方案出台了。《奥格斯堡和约》允许德国所有王子自由选择各自领地范围内的宗教信仰。如果一个天主教家庭住在选择了新教信仰的领地内，此和约允许该家庭自由迁移到天主教地区，反之亦然。

就这样，德国变成了一幅宗教拼图。天主教在东南和西北部依然有很多信众，而中部及东北部则成了新教的天下，有些地区则两种信仰杂处。

历史快速翻过460年，今天，一位名叫约尔格·史班库赫的年轻经济学家发现，如果将现代德国地图叠放在16世纪的德国地图上，那些宗教区块依然基本重合。那时的新教地区现在依然以新教为主要教派，那时的天主教地区现在依然以天主教为主要教派（除了德意志民主共和国曾接受不少无神论影响）。几世纪前王子的选择在今天依然发挥着效应。

或许这还不够令人称奇，毕竟德国是个沐浴在传统中的国家。然而史班库赫的确在摆弄地图时发现了令他惊讶的事。现代德国的宗教区块与有趣的经济区块也有重合：新教地区人民的收入高于天主教地区的。也没高出太多，大约是1%，但这差异很明显。如果当年你所居住地区的王子选择了天主教，那么今天你很有可能比选择新教的地区的人挣钱少。

如何解释这种收入差距呢？当然会有符合现代观念的理由。或许高收入者接受的教育更多，婚姻更美满，抑或住得离大城市近，更有可能获得高薪工作。

不过史班库赫在分析了相关数据后发现，上述因素没能解释收入的差异。只有一个因素可以，那就是宗教。他得出结论：新教地区的居民比天主教地区的收入高，仅仅因为他们是新教徒！

这又是为什么？是否存在宗教上的任人唯亲？信新教的老板把好工作给了新教徒？明显不是。实际上，数据显示新教徒的小时工资并不比天主教徒高，而他们依然有更高的总体收入。那么史班库赫又是如何解释两者之间收入差距的呢？

他指出了三个因素：

1. 与天主教徒相比，新教徒往往每周工作时间更长。

第四章 真相在问题的根源

2. 与天主教徒相比,新教徒中个体经营者较多。
3. 与天主教徒相比,拥有全职工作的新教徒女性数量更多。

看来史班库赫找到了新教徒勤奋工作的生动证明。德国社会学家马克斯·韦伯早在20世纪初期就提出过这个理论。他提出,资本主义在欧洲盛行,部分原因是新教徒信奉脚踏实地工作的观念,把勤奋工作当作神圣使命的一部分。

那么这一切对因经济问题而满腹牢骚、借酒浇愁的工厂工人来说有什么意义呢?不幸的是,没有多大意义。对工人来说,大概一切都太晚了,除非他决定振作精神,开始更勤奋地工作。不过至少他可以督促子女向临近城镇的新教徒学习。①

一旦你开始用长镜头看世界,你便会发现很多现代行为的根本原因都可追溯至几个世纪前。

例如,为何有些意大利城市会更愿意参与民事和慈善活动?就如一些研究者指出的那样,这是因为在中世纪,这些

---

① 不过要为天主教说句话:史班库赫最新的研究显示,新教徒中支持纳粹的人数大约是天主教徒的两倍。

城市是自由的城邦，并不在诺曼人的统治之下。显然这种独立的历史背景让人民对民间机构更有信心。

在脱离殖民统治的一些非洲独立国家，有的经历了残酷的战争，腐败问题猖獗，而有的却没有。这是为什么？两位学者找到了原因，这还要追溯到多年以前。当19世纪欧洲列强开始疯狂地争夺非洲时，它们在地图上重新分割了领土。建立新边界时，它们考虑了两个要素：土地和水。居住在那些区域里的非洲人对殖民者来讲并不那么重要，因为对他们来说每个非洲人长得都差不多。

在切樱桃派时，这种分割方式还有点儿道理。可是分割一块大陆就复杂多了。这些新的殖民地界常常分割了原本庞大而和谐的种族。忽然间，一些种族成员变成了一个全新国家的居民，而另一些成员经常会与相处不太和谐的种族一齐被划分到另一个国家。种族斗争往往被殖民统治压制，然而当欧洲统治者最终返回欧洲以后，那些不和谐种族被迫混居的国家更有可能发生战争。

殖民主义的伤痕依然困扰着南美。在秘鲁、玻利维亚和哥伦比亚发现金矿和银矿的西班牙征服者，曾奴役当地人开采矿山。这带来了怎样的长期影响呢？就如数位经济学家发

第四章 真相在问题的根源

现的那样,矿区周围的居民直到今天依然较为贫穷,他们的子女接种疫苗或接受教育的机会也更少。

还有一个情况也颇为奇怪,反映了奴隶制度深远的历史影响。哈佛大学的经济学家罗兰·弗赖尔致力于缩小黑人与白人在教育、收入和健康状况方面的差距。不久前,他试着探索为何白人寿命要比黑人长几年。其中一个因素很明显:心脏病,对白人和黑人来说都是史上最致命的疾病,而黑人中心脏病患者明显较多。这是为什么?

弗赖尔分析了各种数据,但没有发现任何能解释这一差别的明显原因,不论是饮食、吸烟,还是贫穷。

后来他发现了一个可能性。弗赖尔偶然间看见了一幅旧画,名叫《一名英国人品尝一名非洲人的汗水》(An Englishman Tastes the Sweat of an African)。它描绘的是非洲西部奴隶贩子舔舐奴隶脸孔的画面。

他为何要这样做?

一种可能是:他在检查奴隶的健康状况,不希望船上贩卖的其他奴隶感染疾病。弗赖尔想,奴隶贩子是不是在尝奴隶的"咸度"?毕竟汗就是咸味的。如果是这样,那又是为什么?而这个问题的答案能为弗赖尔探索的更宏观的问题带来

来源：布朗大学约翰·卡特·布朗图书馆

启示吗？

从非洲到美洲的海上航程颇为漫长，令人饱受折磨。很多奴隶死在途中，脱水是主要原因。弗赖尔思考：什么样的人不易脱水呢？对盐高度敏感的人。也就是说，奴隶要是有能力锁住更多盐分，也就能锁住更多的水，死于"中途航程"的可能性也会更小。所以，或许画中的奴隶贩子想找尝起来更咸的奴隶，以确保投资回报。

身为黑人的弗赖尔向他的哈佛大学同事——杰出的白人健康经济学家戴维·卡特勒讲述了这一理论。卡特勒刚开始认

第四章 真相在问题的根源

为这一想法是"完全疯狂"的,然而进一步探索后发现它不无道理。实际上,早先的一些医学研究也发表过类似的声明,虽然引来了不少争论。

弗赖尔开始拼凑这些理论碎片。"你或许认为那些能在如此漫长的航程中生存下来的人身体都不错,因此寿命也应该更长,"他说,"然而这种奇怪的筛选机制决定了你能够在'中途航程'生还,却躲不过高血压及相关疾病。而盐敏感性的遗传可能性很大,也就是说你的后代,比如美国黑人,患高血压病或心血管疾病的概率相当高。"

弗赖尔进一步寻找能支撑这一理论的证据。美国黑人患高血压病的概率比美国白人高了约50%。这也有可能是饮食和收入的差异导致的。那么其他国家的黑人患高血压病的概率又是怎样的呢?弗赖尔发现,加勒比海地区的黑人——也是从非洲掳去做奴隶的人的后代——患高血压病的概率同样很高。但他发现,仍然住在非洲的黑人的高血压患病率与美国白人并无差别。证据依然不够充分,但弗赖尔坚信,奴隶贸易的筛选机制很有可能就是非洲裔美国人死亡率更高的根本原因。

你可以想象,弗赖尔的理论没有受到大众认可。很多人讲到遗传种族差异时会感觉不自在。"有人发电子邮件对我说：'你看不到这里存在的滑坡谬误吗？！''你看不到这种理论的危害吗？'"

新出炉的医学研究可能会证明，盐敏感性理论根本就是错误的。但倘若它是正确的，哪怕就只有一小部分是正确的，潜在的利益也很巨大。"有解决方法了，"弗赖尔说，"一种能帮助身体排盐的利尿剂，一片普通药丸。"

...

你也许认为，在拥有强大科学及逻辑基础的医学领域，对于根源会有更深刻的理解。

你错了。人体是一个复杂、多变的系统，很大一部分依然未知。1997年，医学史专家罗伊·波特这样说道："我们生活在科学的年代，但科学并没有消除对健康的幻想；疾病的污名和医药的道德意义依然延续着。"因此，直觉往往被当作偏执，而传统观念则大行其道，即便没有数据可以证明。

思考一下溃疡。它基本上就是在胃里或小肠里长出的一个洞，会引起剧烈疼痛。直到20世纪80年代初期，人们还认为

第四章　真相在问题的根源

已经完全掌握了导致溃疡的原因：遗传，心理压力，或吃了辛辣食品，后两者都会导致胃酸过度分泌。每个吃过一把墨西哥辣椒的人都会认为这种解释是有道理的。医生可以证明，得了出血性溃疡的人精神上都很紧张。（医生也可以轻易指出被枪击的人会大量出血，但这并不说明枪击导致了出血。）

既然知道了导致溃疡的原因，那么针对它的治疗方案自然也就有了。患者被告知要多休息（减缓心理压力），多喝牛奶（舒缓肠胃），以及服用雷尼替丁或西咪替丁药片（抑止胃酸分泌）。

这种治疗方法效果如何？

客气地说：马马虎虎。这种治疗方式的确减轻了患者的疼痛感，然而症状却没有消失。溃疡也不是仅会带来疼痛的小麻烦。一旦引发腹膜炎（胃壁穿孔）或因流血导致并发症，便很容易致命。有些溃疡还需要动大手术。

虽然溃疡患者在标准治疗方案下恢复得并不理想，但医学的整体发展状况还不错。上千万患者依然需要胃肠病学家和外科医生，制药厂也赚得盆满钵满：雷尼替丁和西咪替丁成了第一批真正意义上的畅销药，每年赢利10亿美元以上。1994年，全球治疗溃疡药物市场的总市值超过了80亿美元。

有医学研究者曾指出，溃疡及其他胃病，包括胃癌，其根本病因甚至有可能是细菌。但医学界很快指出了这一理论中的明显问题：细菌如何在胃酸里存活？

于是传统溃疡治疗方案继续占领着统治地位。人们没有寻找新疗法的动机——至少那些依赖当时盛行的溃疡治疗方法生存的人没有。

还好世界是多样化的。1981年，一位年轻的澳大利亚住院医师巴里·马歇尔正在寻找研究项目。他刚刚轮岗到皇家珀斯医院肠胃科，那里的一位资深病理学家刚好遇到了一个难题。马歇尔后来形容道："我们有20位患者的胃中出现了细菌，而通常胃中胃酸过多，是不会有细菌存活的。"那位资深医生罗宾·沃伦正在寻找能帮助他"找出这个谜题答案"的年轻研究员。

那弯曲的细菌很像弯曲杆菌，与鸡群接触的人有可能会感染这种细菌。那么这些人体内的细菌是弯曲杆菌吗？又会导致何种疾病呢？为何这种细菌集中出现在肠胃病人体内呢？

其实巴里·马歇尔非常熟悉弯曲杆菌，因为他的父亲曾是鸡肉包装厂的冷藏工程师，而他的母亲是一名护士。"我们一家常常会探讨医学中哪些理论是正确的，"他对知名医学记者诺曼·斯旺说,"我妈妈会依据民间流传说法来理解事物,而我会说,'这太老套了,根本没有根据'。'是没有根据,巴里,但是人们几百年来都是这样做的呀。'"

马歇尔对于新接手的谜题很兴奋。他从沃伦医生的病人身上采样,在实验室里培养这种细菌。数月的努力均告失败。然而在一次意外之后——细菌在培养皿中多放了三天,最终培养成功了。那不是弯曲杆菌,而是之前未曾发现过的一种细菌,后来被叫作幽门螺杆菌。

"后来我们又在很多病人身上采样,培养了这种细菌,"马歇尔回忆道,"于是我们可以说:'我们知道哪种抗生素可以杀死这些细菌了。'我们发现了它在胃中是如何存活的,还可以在试管中对其任意摆布,做各种有用的实验……我们并不是在寻找导致溃疡的原因,我们只是想知道这些细菌究竟是什么,若能发表这个研究成果会很有趣。"

马歇尔和沃伦继续在胃病患者中寻找这种细菌,不多时便有惊人的发现:13个溃疡患者中,每个人都带有这种弯曲的细菌!有没有可能这种幽门螺杆菌就是导致溃疡的病因呢?

回到实验室里,马歇尔试图让老鼠和猪感染上幽门螺杆菌,看看它们会不会得溃疡。然而它们没有。"于是我说,得在人身上试试。"

马歇尔决定，就在自己身上做实验。他还决定不告诉任何人，包括他的妻子和沃伦医生。首先他为自己做了胃组织切片检查，以确保胃中还没有感染幽门螺杆菌。完全没有。然后他吞下了从一个病人身上培养出的一组细菌。马歇尔觉得会有两种可能性：

1. 他会患溃疡。"那就'老天保佑'，猜测被证实。"
2. 他不会患溃疡。"如果什么也没发生，那之前两年的研究也就付之东流了。"

估计巴里·马歇尔是史上唯一一个决心患溃疡的人。他认为即便患了溃疡，也得几年后才会出现症状。

然而吞下细菌短短 5 天后，马歇尔就开始阵发呕吐。老天保佑！10 天后，他又为自己做了胃组织切片检查，"胃里面长满了幽门螺杆菌"。马歇尔已经患上了胃炎，看上去离得溃疡也不远了。后来他服用了抗生素以杀灭细菌。他和沃伦的研究证明了幽门螺杆菌是溃疡的真正病因——日后进一步的研究显示，它也是胃癌的病因。这一发现令人震惊。

第四章 真相在问题的根源

自然，这种理论又经过了大量实验证明，也饱受了医学界的巨大阻力。马歇尔遭受了各式各样的嘲笑和忽视。"我们真的要相信一个声称自己发现了新细菌还将其吞入肚中的澳大利亚呆子找到了溃疡的病因吗？"没有任何一个市值80亿美元的产业在自己存在的意义受到挑战时还能兴高采烈。这真让他们胃里不舒服！现在，得了溃疡不再需要长期就医、服用雷尼替丁或者动手术了，一片廉价的抗生素就解决了一切。

这一理论经过了很多年才彻底站住脚，因为传统观念是很难扫除的。即便是在今天，依然有很多人认为溃疡与压力或辛辣食物有关。幸好现在的医生知识体系更全面了。医学界最终不得不承认，当其他人仅仅在治疗溃疡症状时，巴里·马歇尔和罗宾·沃伦找到了病因。2005年，他们二人获得了诺贝尔生理学或医学奖。

溃疡的发现虽惊人，但不过是一场刚刚开始的从对症下药转向去除病根的革命中的一小步。

后来人们发现，幽门螺杆菌并不是躲过人体防御系统、侵略胃部的独犯。近年来，乐于探索的科学家们在强大的新型电脑的帮助下，通过基因测序认识到，人体消化道中住有上万种微生物。它们有的有益，有的有害，有的性质不稳定，还有很大一部分尚未显露出本性。

我们每个人体内究竟有多少种微生物呢？根据某种估算，人体内微生物细胞的数量是人体细胞的10倍，要以万亿或者千万亿来计算。生物学家乔纳森·艾森称之为"微生物云"。一些科学家认为这些微生物细胞是人体最大的组织，其中可能潜藏着大量人体健康或疾病的根源。

在全球的实验室中，研究人员已经开始探索这一微生物群体中的成员——大多是遗传性的——与癌症、多发性硬化、糖尿病，乃至肥胖症和精神疾病之间的关系。千百年来困扰着人类的疾病，或许只是由某个微生物组织的功能失常导致的，而它一直欢乐地游移在肠道中，这听上去是不是太荒诞了？

或许是吧——不过对于那些治疗溃疡的医生和制药厂老板来说，巴里·马歇尔所说的竟然是真相这件事也同样荒诞。

当然，我们还处于微生物探索的早期。消化系统在很大程度上依然是未知领域，就像大海的底部和火星的表面。不过研究已经有所收获。不少医生已经通过给病人体内输入健康肠道细菌治愈了肠道疾病。

这些健康细菌来自何处，又是怎样被输入病人肠道里的呢？在继续讲解之前，让我们先来看两点注意事项：

第四章 真相在问题的根源

1. 如果你正在吃饭,或许需要先停下一会儿。
2. 如果你在此书撰写很多年之后才读到它(假设那时人类还存在,而且还会读书),那么下面这个方式或许会显得野蛮、原始。其实我们正希望如此,因为这意味着疗法的价值已被证实,而治疗手段也得到了提升。

那么如何为病人提供所需的健康肠道细菌呢?

澳大利亚胃肠病学家托马斯·波洛狄等医生从巴里·马歇尔的溃疡研究中得到灵感,找到了一个答案:人类的粪便。是的,对于肠道细菌被感染、破坏,或缺乏此类细菌的病人来说,富含微生物的健康人的排泄物或许就是良药。来自"捐献者"的粪便被掺入盐水混合物里,用荷兰一位胃肠病学家的话说——看起来就像一杯巧克力牛奶。然后将这种液体输入患者肠道——通常用灌肠的方式。近年来,医生发现,这种方法是有效的,它能治好抗生素无法抵抗的感染。在一项小的研究中,波洛狄宣布他用这种方法治愈了溃疡性结肠炎——如他所说,这是"先前无法医治的疾病"。

波洛狄的研究不仅仅限于肠道疾病。他声称自己还成功地利用粪便治愈过多发性硬化和帕金森病。尽管波洛狄谨慎地说这尚需更多研究，但病根在肠道的疾病真可谓数不胜数。

对于波洛狄和一小部分相信粪便功效的志同道合的同行来说，他们站在了医学新纪元的开端。波洛狄认为粪便疗法的益处"可以媲美抗生素的发现"。但首先，他们要接受很多质疑。

"我们得到的反馈和当时巴里·马歇尔得到的类似，"波洛狄说，"刚开始时我被排挤。即便是现在，我的同事依然回避这个话题，或是不想在会议中碰见我。虽然一切正在改变，我刚刚收到一系列不错的国内外会议演讲邀请，但负面声音一直存在。如果我们能找到一个听上去不那么像用大便治疗的疗法，情况会好很多。"

没错。你可以想象，患者在听到"粪便植入"，或者学术论文中的叫法"粪便菌群移植"后，会产生抵触心理。一些医生给它起的俗名（"换屎"）也不会让人感觉舒服点儿。不过波洛狄在采用这项疗法多年后，终于想到了一个稍微悦耳点的名字。

"是的，"他说，"我们称之为'灌溏'（transpoosion）。"

第五章

像孩子一样思考

读到这里，你或许会问道：真的吗？粪便的威力？吞食危险细菌的人——上文还提过12分钟里吞了够吃一年的热狗的家伙？你们还能再幼稚些吗？"魔鬼式思考"难道是"儿童式思考"的代号？

不完全是，不过当涉及创意及提问时，8岁儿童的思维方式还是会让你受益匪浅的。

想想孩子们爱问的问题。当然它们有可能听起来有点儿傻，过分单纯或者不着边际。然而孩子们有百折不挠的好奇心，且相对而言少有偏见。因为他们知道得很少，不会像成人一样戴着有色眼镜，看不见事情的真相，而这在解决问题时是个极大的优势。成见会使我们拒绝很多可能性，只因它们看似不可能或者让人不舒心，只因它们让人感觉不对劲或者从未被尝试过，或者只因它们看上去不够深奥。① 不过别忘了，最后指出皇帝的新衣并不存在的就是个孩子。

孩子们不怕分享他们最疯狂的想法。只要你能分辨是非，想出一箩筐的点子，哪怕天马行空，都会使你受益。在构思时，经济学中"自由支配"的概念是关键。想出了很糟糕的点子？没关系，不去付诸实践就好了。

当然，分辨想法的好坏并不容易。（对我们来说，一个有效的窍门就是冷静期。想法刚出炉时看上去几乎都妙不可言，所以在它产生的24小时内千万别行动。很神奇，有时妙点子仅见光一天，你再回头看时它就成了馊主意。）或许到最后你会发现，20个想法中只有一个值得贯彻。但你若从未像孩子那样包容每个闪过大脑的想法，就有可能和那一个好主意失之交臂了。

所以当你试图解决问题时，去感受住在自己心里的那个小孩，真的会有效果。一切都始于浅显的思考。

---

① 我们甚至不清楚"深奥"（sophistication）是否有追求的价值。这个词来自希腊语"sophists"，意为"四处游走的哲学和修辞学老师，他们不在乎名声"。一位学者写道，"比起探索真相，他们更在乎赢得一场辩论"。

第五章　像孩子一样思考

如果你遇到了一个自封为思维领袖或智者的人，对他的最高评价莫过于："你真是个深邃的思考者。"去试试，观察他如何骄傲地膨胀。如果他的确如此反应，那么我们几乎可以断定，他对魔鬼式思考不感兴趣。

魔鬼式思考意味着浅显，而非深奥。这是为什么？首先，所有大问题都已经被比我们聪明的无数人思考过了。它依然未被解决，这说明问题太难，得不到完整的解决方案。这种问题棘手、复杂，背后还充斥着顽固而扭曲的动机。当然，这世上的确存在真正聪慧的人，这些人或许应该深刻地思考。对于我们其余的人来说，想得太深意味着你要花很多时间做无用功。

虽然浅显的思考在大思想家面前不会为你加分，但至少有几个值得一提的人倡导这种思考方式，比如牛顿。"解释大自然的全部，对于任何一个人，甚至一个时代来说，都相当困难，"他写道，"与其用推测的方式解释一切，却对每一件事都无法确定，还不如确定一件小事，把其他的问题交给后人解决。"

或许我们二人都有偏见。或许我们相信浅显思考，只是因为我们无法进行深刻的思考。我们没有解决过任何大问题，我们只是在问题的外缘下功夫。不论如何，我们的结论是，问小问题比问大问题要好很多。原因如下：

1. 小问题因其性质而更少被提出和研究，甚至可能从未被提及。它们还是处女地，等待着被真正了解。
2. 因为大问题往往由大量错综复杂的小问题构成，所以从大问题中的一个小处着手比揣测宏观答案更能带来进展。
3. 任何一种改变都是艰难的，但在小问题上带来改变的可能性，比在大问题上要大得多。
4. 想得太大，从字面上就意味着缺乏精确度，甚至只是猜测。当你问小问题时，或许重要性降低了，但至少你更确定自己在说什么。

理论上听起来不错，但在现实中行得通吗？

经验告诉我们，答案是肯定的。虽然我们在全球范围的灾难——交通事故导致死亡的问题上做得不多，但我们强调过之前被忽视的一种高危行为：醉酒行走。与其解决企业盗用公款这个大问题，我们根据华盛顿一家家庭经营的面包圈递送店的数据，找出了会让人们在工作时产生偷盗行为的原因（例如糟糕的天气和压力大的假期）。尽管我们没有研究如何避免儿童被枪击身亡的悲剧，但我们找出了一个更致命的儿童杀手：后院泳池溺水事故。

这些小小的进展比起其他志同道合的浅显思考者的发现，显得更加微不足道。全球投入教育改革领域的资金高达上万亿美元，通常集中在系统的某种彻底革新——小班教学、改善课程体系、增加考试等。但就如我们之前指出的那样，教育系统中的"原材料"——学生往往会被忽略。会不会有小而简单并且廉价的介入方式，可以帮助到千百万学生呢？

我们发现四名儿童里就有一名视力欠佳，而高达60%的"问题学生"都有视力问题。你若看不清楚，便无法正常阅读，这会使学习变得更加困难。即便在美国这样的富裕国家，视力检查也往往不太严格，视力与学习的关系也很少被研究。

三位经济学家，保罗·格鲁维、艾伯特·帕克和赵蒙（音译），在中国碰巧发现了这个问题。他们决定在较为贫穷、偏远的甘肃省进行实践研究。在大约2 500名需要戴眼镜的四年级到六年级学生中，只有59个人戴了眼镜。所以经济学家们进行了一项实验。他们为其中一半学生免费提供眼镜，而另一半则一切照旧。一副眼镜大约 15 美元，这笔开销由世界银行承担。

新戴上眼镜的学生情况如何？在戴上眼镜的一年之后，参照考试成绩，他们比没戴眼镜的另一半学生多学了 25%~50% 的知识。感谢 15 美元一副的眼镜！

我们并不是说给学生配眼镜可以解决所有教育问题，完全不是这样。但当你一心往大处构思时，这种不起眼的小答案恰恰会轻易被你忽视。①

另一个儿童式思考的基本原则是，别畏惧明显。

我们二人常常受公司或机构之邀，为其解决某些问题。进入公司之前，我们对它们的工作往往不甚了解。在大多数情况下，如果我们帮上了忙，主意都是在最初的几个小时内产生的——始于零了解，我们会问内行人士永不会屈尊去问的问题。就像大多数人不愿说"我不知道"一样，他们也不愿问简单的问题或观察藏在醒目之处的问题，因为那样做看上去不够老练。

---

① 有趣的是，约 30% 获得免费眼镜的中国儿童并不想戴眼镜。他们担心儿时戴眼镜，时间长了，最终会伤害眼睛。他们还害怕被嘲笑。"四眼"耻辱在大多数地区已逆转，尤其在美国——明星和顶级运动员会佩戴无度数眼镜，仅作为流行饰品。据估计，数百万美国人长期佩戴平光镜。

第五章 像孩子一样思考

我们之前提过堕胎与犯罪关系的研究,那个想法就萌发于从《美国统计摘要》(*Statistical Abstract of the United States*)中看到的一组简单的数据。(经济学家只会把这类书籍当作消遣而草草翻阅。)

那些数据表明什么呢?不过是美国堕胎数量在10年内从极少增长到每年约160万例,很大程度上是受罗伊诉韦德一案的影响——最高法院判定了50个州的堕胎合法。

普通的聪明人看到这数字的增长,也许会立马跳到道德或政治的某种立场中。但是假如你依然能找到住在心中的那个孩子,你的第一反应或许是:"哇!160万可不是个小数字,那么……它一定影响了什么!"

你若愿意挑战显而易见的东西,便会问出很多别人想不到的问题。为什么那个谈话时显得很聪明的四年级学生答不出黑板上的任何一道题?没错,酒驾很危险,那醉酒走路呢?如果溃疡是压力和辛辣食物造成的,那为什么压力不大、吃得清淡的人也会得溃疡呢?

就如爱因斯坦常说的那样:一切都应该越简单越好,而不是较简单。这种说法巧妙地指出了困扰着现代社会的矛盾:尽管我们对带来诸多进步和科技发展的复杂程序感激不尽,却同时也被它搞得晕头转向。我们很容易被复杂迷惑，然而简单中也存有真理。

让我们暂时回到巴里·马歇尔——那个吞食细菌的澳大利亚英雄那里，他最终解开了溃疡的密码。你可记得，他的父亲是位工程师——在鸡肉包装厂、捕鲸船等地方工作。"我们家的车库里总是放着乙炔、氧乙炔、电动装置和机械装置。"他回忆道。他们曾一度住在遗留有很多军用废金属的大院旁边，马歇尔整天都在里面兴高采烈地寻宝。"你能在那儿找到旧的鱼雷、漂亮的小发动机，还有高射炮——你还能坐在那儿摇它们的手柄。"

在医学院上学时，马歇尔发现他同学的父母大多是公司高管或律师。他说其他同学大多"从没有机会摆弄电动装置、各种管子、压力机等玩意儿"。马歇尔的动手能力在电击青蛙时，特别能够派上用场。

这种差异在马歇尔对人体的理解中也显示出来。医学史自然很长，偶有辉煌的时刻。尽管医学看似完全依赖科学，但其实它多多少少也受神学、诗歌甚至巫术的影响。因此，身体往往被看作一种难以捉摸的容器，被某种人类灵魂赋予了生命。这种观点认为，人体无比复杂，从某种角度讲是无

第五章 像孩子一样思考

法参透的。而马歇尔更多地把人体看作一个机器——当然是个奇妙的机器,它的运作基于工程学、化学和物理学的基本原则。虽然人体明显比旧鱼雷要复杂得多,但它依然可以被拆解、被摆弄,而且某些部位还可以被重新组装回去。

马歇尔也没有忽视患者胃里满是细菌这一明显事实。在那时的传统观念中,胃部环境过酸,细菌便无法存活。而事实上,细菌的确活着。"看到它们的人总是把这点抛在脑后,直接去研究细菌下面的胃组织,"马歇尔说,"完全忽视布满胃组织表面的细菌。"

于是他问了一个非常简单的问题:"这些见鬼的细菌在那儿干吗?"他接着证明了溃疡并不是垮掉的精神所致,更像是个爆了的轮胎——很容易修补,只要你知道方法。

你或许发现我们讲的故事里有一个共性——不论是解密溃疡病因、吃热狗,还是盲品葡萄酒,那些人在研究的过程中都自得其乐。魔鬼式思考者都喜欢追求乐趣,这也是像孩子一样思考带来的另一大好处。

孩子不怕大声说出自己喜欢的东西。他们想打电动游戏时不会说要去听歌剧。他们要是想站起来跑几圈,不会假装享受开会。孩子爱那份属于他们自己的大胆肆意，他们为身边的世界着迷，没什么能阻止他们寻找乐趣的决心。

然而人类发展过程中最奇怪的现象之一便是，大多数人在21岁生日过后，上述特质就神奇地消失了。

在某些领域里，乐趣——哪怕仅仅是看上去在享乐——都是不被允许的。政治领域如此，学术领域也不例外。尽管现如今一些公司已经开始以游戏化方式给工作增添乐趣，但大部分公司依然对乐趣敬而远之。

为什么那么多人一听到享乐就紧蹙眉头？或许他们是怕显得自己不认真。但据我们所知，把一件事做好与严肃的外表没有任何关系。实际上，我们可以论证相反的观点才是正确的。

最近涌现了很多针对"专家绩效"的研究，意在找出工作表现出色的原因。最令人惊讶的一个发现是什么？天生的才能被高估了：那些拥有杰出成就的人——不论是高尔夫球员、外科医生还是钢琴家——早年时往往都不是天才儿童，然而他们通过孜孜不倦的努力成为专家。孜孜不倦地在一件对你来说没有乐趣的事情上努力，这可能吗？或许可能，但你我都做不到。

第五章 像孩子一样思考

为什么乐趣那么重要?因为如果你爱你的工作(或是你支持的运动、你的家庭),你就会想要为其付出更多。你在临睡前和醒来后都会想到它,你的大脑会一直处于待命状态。当你如此投入时,你就会把比你更有天赋的人远远甩在后面。根据我们的经验,预测年轻经济学家和记者能否成功的最准确的指标,莫过于他们是否真的热爱所从事之事。如果他们把工作当成"嗯,仅仅是一份工作",便不太可能有多大的建树。但倘若他们认为,进行回归分析、采访从未谋面的人是世上最有意思的事,那他们就有希望成功。

或许最需要被注射一针乐趣的莫过于公共政策领域了。想想决策者通常是如何改变社会的:哄骗、恐吓或施压,以使人们的行为更加规范。其潜台词就是,如果一件事很有趣,比如赌博、吃芝士汉堡、把总统大选当成赌马,那么它一定是有害的。其实大可不必如此。与其否定追求趣味的冲动,为何不吸纳它并让它发挥更大的益处呢?

思考一下这个问题:美国人不爱存钱,这一坏名声早就传开了。目前美国的个人储蓄率只有大约4%。我们都知道要存一部分钱以便急用,也要为教育和养老储备资金。那为什么不把钱存起来呢?因为花钱比把钱锁在银行里要有趣多了!

与此同时,美国人一年花在彩票上的钱接近600亿美元。不可否认,买彩票很有趣。然而很多人把它当成了一项投资。将近40%的低收入成年人把买彩票当成他们最有可能赚大钱的机会。因此,低收入人群买彩票的开支占工资的比例远大于高收入人群。

不幸的是,买彩票是个不明智的投资。通常回本率只有60%,比任何赌场或赛马场的回本率都低不少。所以,你每"投资"100美元,便可"期待"40美元的损失。

我们能否利用买彩票的乐趣来帮助人们存钱呢?这就是抽奖储蓄(prize-linked savings)背后的构思。它是这样运作的:把本来用于买彩票的100美元存在银行账户里。假设现行存款利率是1%,你必须同意放弃一部分利息,比如0.25%,所有人放弃的那部分资金会被集中在一起。这些钱用来做什么呢?定期发放给随机抽选的中奖者——就像中彩票那样!

抽奖储蓄账户不会一次发放数百万美元的累计奖金,因为奖金来自利息而非本金。而它真正的好处在于:即便你从未中奖,你也不会亏本(还有固定利息)。因此有人称其为"保本彩票"。这种账户帮助了全世界的人存钱,而不是让人

第五章　像孩子一样思考

把血汗钱砸在彩票上。在密歇根州，几家信用社联合推出了名叫"存钱赚钱"的抽奖储蓄试点项目。第一位获奖者是86岁的老太太比利·琼·史密斯。她仅存了75美元，却中了10万美元。

尽管美国已经有几个州尝试推出了类似项目，但它并没有真正风靡全美。为什么呢？大多数州禁止成立抽奖储蓄账户，因为它属于彩票性质，而州法通常只允许一个机构出售彩票，那就是州政府。（多么成功的垄断，你懂的。）除此之外，联邦法律目前禁止银行运作彩票业务。你也无法指责那些想独自占有每年600亿美元彩票盈利权的政客。你只需记住，不论你有多喜欢买彩票，州政府从中得到的乐趣只会更大——因为它稳赚不赔。

现在请思考另一个大挑战：为慈善项目募款。最常见的方式——我们将在第六章中仔细探讨——往往伴有让人揪心的苦难儿童或受虐动物的照片，仿佛募捐的秘密就在于使人产生无法承受的罪恶感。是否还有其他的方法呢？

人们喜欢赌博，尤其是在网上赌博。不过直到撰写此书时，真正拿实钱在网上赌博在美国都是违法的。尽管如此，美国人依然如此爱赌，以至于数千万人花了数十亿美元去玩虚拟老虎机，经营虚拟农场，从中得不到一分钱。即便他们真赢了，钱也会被经营网站的公司吞去。

所以请思考这个问题：如果你愿意付20美元玩虚拟老虎机和虚拟农场，那你是希望这些钱被脸书或Zynga社交游戏公司赚去，还是捐给慈善项目呢？如果美国癌症协会推出一款同样吸引人的网络游戏，你是否更愿意把钱付给癌症协会？一边玩游戏一边改善世界，岂不是更加有趣？

这就是我们最近帮忙建立SpinForGood.com网站时的假设。这是个社交游戏网站，玩家互相竞技，赢者把收益捐献给他们喜爱的慈善组织。或许这不如自己留下收益有趣，但总比把钱扔给脸书或Zynga要好。

寻找乐趣、浅显思考、不惧惯俗——这些都是孩子们惯常的行为，而至少我们认为，成年人若能保留这些特质，将会受益匪浅。不过我们的证据足够证明这点吗？

让我们思考下述情景，孩子比有更多经验、接受了更多训练、本该更加老练的成人表现得更好。想象你是一名魔术师，如果让你在愚弄成人观众和儿童观众之间做选择，你会怎样选？

第五章　像孩子一样思考

显然答案应该是儿童，毕竟成年人懂得更多。然而实际上，孩子更难骗。"每个魔术师都会这样告诉你。"亚历克斯·斯通在其著作《像魔术师一样思考》（*Fooling Houdini*）中探索了幻象背后的科学。"当你真正开始观察魔术和里面的门道时——魔术师愚弄观众的每个手法，你便会开始问一些深刻的问题，"他说，"比如，我们是如何感知现实的？我们感知到的有多少是真实的？我们对记忆的信任能到什么程度？"

斯通拥有物理学博士学位，也当了一辈子魔术师。他第一次表演是在6岁生日派对上。"表演得不好，"他说，"看我表演的人都起哄了。太糟糕了，准备得不够充分。"他不断进步，后来曾为各种观众群体表演过魔术，包括生物、物理等领域的尖端学者。"你会认为科学家很难骗，"他说，"但他们真的还蛮好骗的。"

斯通变的很多魔术中都用到了"双提牌"这个常见手法，也就是魔术师把两张牌当作一张展示。用这种方法，魔术师可以展示"给你看的牌"，然后看似把它洗入牌中，最后让它重新出现在最上端。斯通说："这是非常有效的手法，简单却有说服力。"斯通表演过上万次双提牌戏法。"在过去10年里，我被成年的外行人揭穿过大约两次，却被孩子揭穿过很多次。"

为什么孩子难骗得多?斯通列出了下述几个原因:

1. 魔术师不停地控制、牵引着观众的注意力,意在吸引他们的视线去看魔术师想让他们看到的东西。成年人很容易上当,因为他们一生都在接受跟随这些信号的训练。斯通说:"智商和是否易被愚弄之间的关系不是很大。"

2. 成人的确比孩子更能"集中注意力",或者说一次只能关注一件事。"这对于完成任务来讲很有帮助,"斯通说,"但也使你更易被误导。"小孩的注意力"比较涣散,因此也更难被骗"。

3. 孩子对条条框框的东西并不买账。"他们没有对这个世界的设想和期待,"斯通说,"而魔术则完完全全是要颠覆你的设想与期待的。当你假装在洗牌时,孩子根本没有注意到你在洗牌。"

4. 孩子的好奇发自内心。根据斯通的经验,大人往往一门心思揭穿魔术,以显示自己比魔术师更厉害(这种人叫作"锤子")。然而孩子"是真的在琢磨魔术是怎样变的，因为孩子天性如此——想探究这个世界"。

5. 从某种角度说，孩子就是比成人敏锐。"年纪越大，感知力越迟钝，"斯通说，"我们18岁以后就不太有什么发现了。所以魔术师在用到双提牌时，孩子或许会发现一张牌和两张牌的厚度是不同的。"

6. 孩子不会把一个魔术想得太复杂。然而成人却总是在寻找不明显的解释。"看看那些人编出来的理论吧！"斯通说，其实大部分魔术都比较简单，"但人们能想出最烦琐、最荒唐的解释。他们会说：'你把我催眠了！'或者'当你给我看那张A时，它其实不是A，只是你让我相信它是A，对不对？'他们不明白那只是一张你想让他们看到的牌。"

斯通最后指出了一个与思维无关，但能帮助孩子们揭秘的优势：他们的身高。斯通变的大多是近景魔术。"你必须平视或俯视。"然而孩子们都是仰视的。"我喜欢一个让硬币前后跳跃的魔术，实际上你是在用手背控制硬币，但小孩要是太矮，就有可能会看到。"

所以孩子们因为矮小，就可以把一个费力设计的、供人俯视的程序一眼看穿。除非你是魔术师，否则永远无法发现这个优势。这是个展现魔鬼式思维的完美例子，有时换个角度看问题，你便有可能获得解决问题的灵感。

尽管如此，我们并不是建议你以8岁小孩为榜样重塑一切行为习惯。这样做产生的问题肯定比它能解决的多。然而如果我们都能把一部分童年的直觉带到成人世界里，那不是很好吗？那样，我们会说更多忠于自己的话，问更多我们在乎的问题，甚至能够甩掉一部分最危险的成人特质：虚伪。

诺贝尔文学奖得主艾萨克·巴什维斯·辛格的著作涉及各种题材，其中包括儿童读物。在一篇名为"我为何为儿童写作"的文章中，他解释了其中的吸引力。"孩子们读的是书，而非书评，"他写道，"他们才不在乎评论家怎么说。"而且，"当一本书内容很无聊时，他们会毫不遮掩地打哈欠，不会觉得羞耻，不会畏惧权威"。最好的——也是每个作家都为之欣慰的——莫过于孩子们"不期待他们心爱的作家能救赎人性"。

所以请你在读完这本书后，把它送给一个小孩。

第六章 爱吃糖的孩子

三岁的阿曼达成功学会了自己上厕所，之后却忘得一干二净。之前常用的诱惑手段——贴纸、表扬等全都不管用了。

她的母亲很受挫，把这项任务交给了她的父亲——本书作者之一。他无比自信。和大多数经济学家一样，他认为可以通过给予适当的奖励来解决一切问题。而他的目标是个孩子，这就更简单了。

他跪在地上看着阿曼达的眼睛。"如果你自己上厕所，"他说，"这袋 M&M 巧克力豆就归你了。"

"现在？"她问。

"对，现在。"他知道每本育儿经都不鼓励采用"糖果贿赂"，然而育儿经不是经济学家写的。

阿曼达一路小跑去了厕所，上完飞奔回来要糖吃。胜利！很难讲此刻女儿和爸爸谁更骄傲。

这招在前三天里屡试不爽——没有一次例外。然而在第四天早上，情况发生了变化。7点02分，阿曼达说道："我要去厕所！"她去了，也得到了她的巧克力豆。

随后，7点08分，她说："我还要去。"她又去了，时间很短，然后又回来要糖了。

7点11分。"我又要去了。"阿曼达再次往马桶里贡献了少量的存储，又领了一些巧克力豆。她就这样坚持了好长一段时间，长得大家都没兴趣了解到底有多长了。

有效诱因的力量有多强大？短短四天内，一个原先完全不会自己上厕所的小女孩变成了拥有史上最强膀胱控制力的小女孩。她只是发现了在诱惑面前应该怎样做最有效。没有小号字体的注意事项，没有两袋的上限，没有间隔时间的警告。只有一个小女孩、一袋糖和一个马桶。

如果有魔鬼式思考者赖以生存的箴言，那就是人们会对诱因做出反应。尽管这点看似无比明显，但我们还是惊讶地发现人们常常忘记它，而这样也往往会带来后果。了解一个情形中针对每个当事人奏效的诱因，是解决问题的根本。

第六章 爱吃糖的孩子

诱因并不总是那么容易找到。诱因分很多种，经济、社会、道德、法律等，它们作用于不同的方向，力度也不相同。在某种情形中完美奏效的动因，在另一种情形中或许就会起到反作用。但如果你想进行魔鬼式思考，就必须学着成为诱因大师——好的、坏的以及丑陋的。

让我们从最明显的诱因讲起：金钱。或许现代生活中没有哪个方面是不受经济诱因支配的。金钱甚至会塑造我们的体形。美国成年人的平均体重比几十年前高了约25磅（约11.34千克）。如果你对25磅没有什么概念，那就找一根绳子，把它绑在三个装满1加仑（约3.79升）牛奶的塑料桶上。然后把它套在你的脖子上，余生的每天都戴着它吧。这就是平均下来每个美国人增长的体重。如果有人没有变重，那就意味着另外有人戴了两串牛奶桶项链。

我们怎么会变得如此之胖呢？一个原因是食物越来越便宜了。1971年时，美国人13.4%的可支配收入都用在食物上，而现在这个比例在6.5%左右。并不是所有东西都便宜了，比如某些新鲜水果和蔬菜，现在的价格就高了很多。而另一些食品，尤其是最可口、最长肉、营养成分最低的，比如曲奇饼、薯片和苏打水，都便宜很多。一项统计显示，只吃高营养食物的花费，是只吃垃圾食品花费的 10 倍。

所以毋庸置疑，经济诱因非常奏效，即便结果令人不悦。思考一下 2011 年在中国佛山发生的一起交通事故。一个两岁女孩在户外集市里被一辆面包车撞倒，身体被卷到车身下方。司机停下车来，却没有下车救助。短暂停留后，他把车开走了，再次碾过小孩的身体。小女孩最终离开了这个世界。最后司机还是自首了。后来一段被广泛认为是和司机对话的录音在新闻中播出。"如果她死了，"他解释道，"我只需要花 2 万元"——约 3 200 美元，"但如果她受伤了，我可能要花几十万元。"

中国没有《善良的撒玛利亚人法》，造成长期伤害需支付的赔偿往往比死亡事故要高。所以当人们希望肇事司机最先想到道德和公民责任时，偏颇的经济诱因或许强大到使其无法忽视。

让我们想想经济诱因在最常见的领域内是如何支配行为的吧：就业。假设（如果需要的话）你绝对热爱自己的工作——工作本身、你的同事、休息间的免费零食，假如老板把你的工资降到 1 美元，你还会干多久呢？

第六章　爱吃糖的孩子

不论你现在的工作有多大乐趣，不论你听职业运动员发了多少次誓，说他们即便不赚钱也会继续从事这项运动，实际上没什么人愿意毫无报酬地努力工作。世上没有一个首席执行官敢妄想员工能够一分钱不要，每天出勤、努力工作。然而有一个庞大的劳动群体正是被要求这样做的。仅仅在美国，这个群体就有将近6 000万人。这庞大、无报酬的群体中究竟都有谁？

他们是中小学生。当然，有些家长会在孩子取得好成绩时给予金钱奖励，然而教育系统通常极力反对这种行为。理由是，难道学生应该为钱，而不是因为对知识的热爱而学习吗？我们真的要把孩子们变成为了吃到芝士而学会走迷宫的小白鼠吗？对于很多教育者而言，这种针对成绩给予金钱的奖励措施极其令人厌恶。

然而经济学家不会那么轻易厌恶某个事物。他们也很固执，所以一群经济学家在上千所美国中小学校里做了一系列实验。他们向两万多名学生提供金钱奖励。在一些情形中，学生完成一项简单的学习任务就能得到几美元。在另一些情形中，学生若能提高测验成绩，将会获得20或50美元的奖励。

这个"成绩换金钱"的实验进展得如何呢？在有些情形

中还是有效的，比如达拉斯的二年级学生每读一本书就能得到2美元，他们的确因此读了更多的书。然而提高测验成绩是比较困难的，尤其是对高年级学生来说。

这是为什么？研究者提供的奖金可能太少了。想想平时拿C或D的学生要投入多少努力才能拿到A或B？他们需要按时上课，注意听讲；完成所有的功课，花更多时间学习；学着怎样能在考试时有更好的发挥。就仅仅50美元的报酬而言，这些工作太繁重了！相比之下，工资最低的工作还来得更划算些。

如果学生每拿一个A，你都给他5 000美元，会如何？因为还没有如此富有的资助者愿意出钱让我们做这个实验，所以我们也不能确定——不过我们猜测全美成绩光荣榜上将会涌现一批新的名字。

以经济为诱因时，钱的多少至关重要。有些事，报酬多人们就愿意做，要是只能赚几块钱，他们一定不会做。如果豆腐说客给世上最爱吃肉的人1 000万美元报酬，后者很有可能就真的会变成素食主义者。还有一个经济学家在拉斯维加斯度假的传闻。有一天，他在酒吧里发现身边站着一位魅力十足的女子。"给你100万美元，你愿意与我共度良宵吗？"

第六章　爱吃糖的孩子

他问她。

她打量了他一番。真没什么好看的，不过，有100万美元呢！她同意跟他走。

"那好吧，"他说，"给你100美元，你还愿意吗？"

"100美元！"她喊道，"你以为我是什么？妓女吗？"

"在这点上我们已经有了定论。现在我们只是在谈价钱。"

金钱诱因存在很多限制和缺陷，它显然并不完美。然而好消息是，非金钱手段也能触发你期待的行为，而且便宜很多。

怎样做到呢？

关键是要钻进别人的脑袋中，找到他们最在乎什么。从理论上讲，这并不难。我们都想过如何对诱因做出反应。现在只需站到他人角度，就如在好的婚姻关系中那样，去了解对方想得到什么。是的，或许他们想要钱，然而他们也需要被爱，或是不受人憎恨；想要出人头地，或是希望默默无闻。

问题在于，有些诱因是显性的，而有些则不是。仅仅去询问对方想要或需要什么不一定有效。我们要面对事实：人类不是地球上最诚实的动物。我们常常言不由衷——或者更具体地说，我们会说我们认为对方想听的话，而私下却做着自己想做的事。在经济学中，这叫作宣告性偏好和显示性偏好，而两者往往有很大的差别。

当你在试图寻找某个特定情形中的有效诱因时，仔细观察上述差别至关重要。（所以人们常说：别听一个人怎么说，要看他怎么做。）再有，当你极度想知道牵制对方的诱因时，比如在谈判中，左右你们二人的诱因往往是相左的。

如何才能发现真实诱因呢？做实验能帮助你发现。心理学家罗伯特·西奥迪尼是一位研究社会影响力的专家，他一次又一次地证明了这一点。

有一次，他和其他研究人员想知道如何才能让人在家中节约用电。他们首先进行了电话调查，询问了形形色色的加州居民：下列因素中哪个更会促使你决定节省能源？

1. 省钱
2. 保护环境
3. 造福社会
4. 很多人都这样做

让我们看看这四个选项：第一个是经济诱因，第二个是

第六章 爱吃糖的孩子

道德诱因，第三个是社会诱因，还有一个可以被称作从众心理诱因。你猜猜加州居民对这四个因素的排序结果是怎样的？

下面是他们的答案，作用力由大到小：

1. 保护环境
2. 造福社会
3. 省钱
4. 很多人都这样做

看上去没什么问题，不是吗？节约能源被广泛看作道德和社会问题，而这两种诱因恰恰是作用力最大的。接下来是经济诱因，最后是从众心理。这样排序也有道理：在节约能源这样重要的问题面前，谁愿意承认自己的决定是因为"很多人都这样做"？

电话调查的结果让西奥迪尼了解了人们对待节约能源的看法。然而他们的言行一致吗？为了找到答案，研究者接着又做了一个现场实验。他们在加州某个街区每家每户的门把上挂了一张小卡片，鼓励居民在天热的时候多用电扇，少开空调，省电。

不过实验中的卡片内容不是完全相同的，有五个版本。其中一个标题就是"节约能源"，而其余四个版本与电话调查中提到的四种诱因相匹配——道德、社会、经济和从众心理：

1. 节约能源，保护环境
2. 从我做起，节约能源，造福后代
3. 节约能源，为你省钱
4. 加入邻居的行列开始节能吧

每种卡片上的解释性文字也不同。例如，"保护环境"的卡片上写着："你一个月能帮助减少高达262磅温室气体的排放。""加入邻居"那种卡片上写着："77%的当地居民常用电扇取代空调。"

研究者随机发放这些卡片，而且可以查到每家每户的用电量，这样便可以得知影响最大的是哪个因素。如果电话调查的结果是可信的，那么"保护环境"和"造福后代"卡片应该是最有效的，而其余两种则不会有效果。事实如何？

两次实验结果完全不同。影响最大的是"加入邻居"那

第六章 爱吃糖的孩子

张。没错:从众心理的诱因打败了道德、社会和经济诱因。惊讶吗?如果答案是肯定的,那么很不应该。仔细看看这个世界,你会看到证明从众心理效力的压倒性证据。它几乎影响了行为的每个方面——买什么、去哪儿吃饭、如何投票。

你或许不愿听到这些,没有人愿意承认自己就像牧群中的动物。然而在复杂的世界里,从众是有道理的。谁有时间思考每个决定和其背后的所有真相?如果你身边的所有人都认为节能是个好主意——那么,有可能它就是。所以假如你是设计诱因的人,就可以利用从众心理让人们去做正确的事——尽管这不应该成为他们做这些事的理由。

在任何问题面前,找到奏效的诱因极为重要,而不能用你的道德准则来揣测。关键在于少去思考那些假想中的人的理想行为,而多去关心真的人和实际的行为。那些真人的行为更加难以揣测。

让我们来看看罗伯特·西奥迪尼在亚利桑那州石化森林国家公园进行的另一项实验。公园里出了问题,就如那里的警示牌上写的那样:

每天,自然遗产都会遭到破坏,

> 石化木以每年14吨的速度被偷盗，
> 大多是一小块一小块被盗走的。

设牌子是为了引发游客道德上的公愤。西奥迪尼想知道这个警示牌是否奏效。所以他和同事做了一个实验。他们在公园的几条小路上都撒了石化木碎块，等着被偷。在有的路上，他们设了警示牌，有的路上没设。

结果呢？在设了牌子的路上，石化木被偷数量是没设牌路上的3倍。

怎么可能？

西奥迪尼得出了结论，公园的警示牌意在传达道德信息，但或许真正传达出的却是："哇，石化木快没了——那我得赶快拿我的那份！"或者："一年14吨？我就拿几块肯定不成问题。"

事实是，道德诱因远不如想象中有效。西奥迪尼说："公共服务信息总是想通过描述人们的不端行为，来促使他们做出有益于社会的举动。很多人酒后驾车——我们必须杜绝这种行为。未成年人怀孕现象在学校中泛滥——我们必须做些什么。税务欺诈过于猖獗——我们要加重惩罚力度。这种做

第六章　爱吃糖的孩子

法可以理解，却不明智。因为潜台词是，像你一样，很多人正做着同样的事。这为不良行为找到了借口。"

西奥迪尼的研究结果是否让你失望？或许它暗示着人性本恶，我们都拼命地抢夺着属于自己的那份食物，甚至更多；我们总是为自己做打算，而不会眼观大局；抑或就如加州节能实验反映的那样，我们都是大骗子。

然而魔鬼式思考者不会这样看待问题。你只会看到，人类是复杂的动物，私下和公开场合的诱因有着微妙的差别，而且人们的行为在很大程度上受具体环境影响。你一旦了解了诱因背后的心理因素，便可以利用自己的聪明才智建起有效的诱因机制——不论是为了自己的利益，还是更多人的利益。

白间龙（Brian Mullaney）在偶然得出一个慈善史上最激进的想法之前，已经有过好几个激进的想法了。

第一个出现在他 30 岁的时候。那时他过着"典型的雅皮士生活"，就如他自己说的那样，"是个住在麦迪逊大道、穿着阿玛尼西装和古驰皮鞋的广告人。我行头齐全：金色劳力士、全黑保时捷、空中别墅"。

他最大的客户之一是个在纽约派克大道上营业的整形外科医师。那里的客户大多是想使身体的某些部位更苗条、另一些部位更丰满的富婆。白间龙常常坐地铁去拜访这个客户。有时他坐地铁时恰巧碰上学生放学,几百个小孩蜂拥进入车厢。他看到很多小孩都有面部缺陷:伤疤、痣、斑疹,甚至畸形。为什么他们不去整形呢?大块头、健谈、脸色红润的白间龙忽然想到一个怪点子:他要成立一个慈善机构,专门为这些纽约公立学校的孩子提供免费整形手术,他称之为微笑行动。

这个项目刚要运行,白间龙就发现了一个同名的慈善机构。另外那个微笑行动发源地在弗吉尼亚州,规模很大:它派医疗志愿者团队到全世界许多贫穷国家为那里的儿童做整形手术。白间龙惊叹不已。他终止了自己的微笑行动,加入了这个更大的组织,参加了在中国、加沙地区和越南的慈善行动。

白间龙很快便看到,一个简单的手术能够怎样改变人生。美国的小女孩如果天生唇裂或腭裂,往往会在幼时做矫正手术,只会留下淡淡的疤痕。而这个小女孩倘若出生在印度的贫困家庭,未被矫正的唇裂或腭裂很有可能变成挤作一团的

第六章　爱吃糖的孩子

畸形嘴唇、牙龈和牙齿。这个女孩会被排挤，得到好的教育、工作或婚姻的可能性微乎其微。白间龙说，这样一个小小的缺陷，如此容易修复，却能引发"一连串的不幸"。这看似纯粹的人道主义行为却也是经济行为。实际上，当他向态度游移的政府宣传微笑行动时，白间龙有时会把唇裂、腭裂儿童称为"不良资产"。只要给他们做个小手术，他们便能回到主流经济中。

然而对整形手术的需求超过了微笑行动最大的供应量。因为机构从美国调遣医生和医疗设备，在每一个地区的时间和供应能力都是有限的。"每次行动中，都会有300~400名儿童祈求我们为其治疗，"白间龙回忆道，"然而我们只能帮到100~150名。"

在越南的一个小山村里，有个小孩天天与微笑行动的志愿者踢足球。他们叫他足球男孩。当行动结束，美国人驾车离开时，白间龙看见足球男孩跟在大巴车后面跑，他的唇腭裂依然未得到治疗。"我们很惊讶，他怎么会没有得到治疗呢？"作为人道主义者，我很伤心；但作为生意人，我很气愤。他问道："什么样的商店会赶走80%的顾客？"

白间龙帮助微笑行动构建了一个新的运营模式。与其集资数千万美元,把医生和医疗设备在地球上运来运去却只能形成有限的合作,不如用这些钱向当地医生提供设备和技术,供他们全年进行手术。根据白间龙的计算,这样一来每例手术的花费至少会降低75%。

然而微笑行动的管理层不太热衷于这个构想。所以白间龙离开了微笑行动,并协助组建了另一个组织,名叫微笑列车。此时他已经卖掉了他的广告公司(以8位数的价钱,感谢买家),彻底投身于为每一个足球男孩和女孩重塑微笑。他还希望把改变带到整个非营利性产业,用他的话说,"世界上发展最滞后的3 000亿美元的产业"。白间龙认为太多慈善家从事着"超级巨富"沃伦·巴菲特之子彼得·巴菲特所说的"洗良心"活动——做慈善是为了让自己感觉良好,而不是为了减轻苦难。白间龙,那个典型的雅皮士,已经变成了追求数据的慈善人士。

微笑列车空前成功地驶向未来。在接下来的15年里,它在将近90个国家提供了超过100万例手术,全部是由全球不到100名员工完成的。一部由白间龙协助拍摄的纪录片《微笑的苹吉》(*Smile Pinki*)还获得了奥斯卡奖。白间龙使这个机构成为总筹资将近10亿美元的神奇组织并不是偶然。广告

第六章 爱吃糖的孩子

人的本领在募集资金时派上了用场——选定捐献目标,落实微笑列车精神,恰到好处地兜售怜悯与激情,从而宣传组织的使命。(他还知道如何以远低于市价的价格买下《纽约时报》"剩余"的广告版面。)

从事慈善活动以来,白间龙了解到很多为慈善机构捐款的诱因。这启发他做出了不同寻常的尝试。他说:"很多人以为我们疯了。"

这个主意始于一个简单的问题:人们为什么会捐款给慈善机构?

聪明人不屑于问这种问题,白间龙却为此着迷。大量研究指向两个主要原因:

1. 人们为帮助他人的愿望所驱,做出真正的利他行为。
2. 捐款使人们自我感觉良好,经济学家称之为"带给自己温暖光辉的利他主义"。

白间龙并不怀疑这两点,但他认为还有第三个人们没有讲到的因素:

3. 社会压力是促使人们捐款的重要因素。在此压力下，人们不得不捐款。

白间龙知道第三点是微笑列车成功的关键。这也是为什么他们在寄出的几百万封募款信里都附有需要手术的畸形儿童的照片。没有任何头脑正常的募款者会公开承认自己利用社会压力来操控捐款者，但人们都明白这种诱因的威力。

白间龙思考，假如微笑列车不去隐藏这种施压手段，而是强调它呢？也就是说，如果微笑列车能为潜在捐献者提供一个能缓解这种社会压力并自愿掏腰包的方式呢？

"一次了结"策略就是这样诞生的。微笑列车会这样对潜在捐献者说：现在捐款一次，我们以后永远不会再找你要钱。

据白间龙所知，这种"一次了结"策略之前还从未被尝试过。这是有原因的。在募款时，每获得一个新的捐赠者，过程都很艰难，花费也不少。几乎每个慈善机构最初都会赔钱。然而人一旦开始捐款，便往往不会停止。成功募款的秘密就在于培养这些重复捐赠人士，所以你最不希望的便是"把上钩的鱼放生"。白间龙说："要是骚扰是直邮募款成功的主要因素，为什么要答应不再骚扰捐款者呢？"

第六章　爱吃糖的孩子

微笑列车认真地施行过这种骚扰。假如你捐了一次，那么你每年平均会收到 18 封募款信。一旦捐款，你便与微笑列车建立了长期关系，不论你愿意与否。白间龙怀疑很多人对长期关系并无兴趣，甚至对这种骚扰行为感到反感。他猜测这些人会愿意付钱给微笑列车，只要不再收到他们的信。人们不愿与微笑列车建立长期关系，但或许愿意与它约会一次，只要它保证今后永远不再骚扰自己。

白间龙为了测试这个想法发起了一项直邮实验。他寄出的募款信中，有几十万封是带有"一次了结"信息的。即便是白间龙这个对传统观点从不买账的人，都不确定这是否是个好主意。"一次了结"策略可能会彻底失败。

结果如何？

收到"一次了结"信息的家庭首次捐款的概率是收到普通信件家庭的两倍。以募款的一般标准来看，这种增长幅度是巨大的。他们的平均捐款额为 56 美元，比普通捐款者多了 6 美元。

微笑列车很快便筹集了额外的几百万美元，但他们是否牺牲了长期利益？毕竟每个新的捐款者都有权礼貌地让微笑列车永远消失。含有"一次了结"信息的信件中附有一张回复卡，让捐款者三选一：

1. 这是我唯一的捐赠。请寄给我一张报税凭据，不要再找我募款。
2. 我希望微笑列车每年只给我寄两封信。请尊重我限制收信数量的意愿。
3. 请照常给我寄信，让我知道微笑列车对唇裂、腭裂患者治疗的进展。

你也许认为，所有首次捐款者都会选择第一条，毕竟那是吸引他们捐款的承诺，但他们中只有1/3的人选择不再接收任何信件！大多数捐款者愿意被微笑列车继续骚扰，最终数据显示，他们也愿意继续捐款。"一次了结"策略使总筹款额增长了惊人的46%。而且因为有人的确选择了不再接收信件，微笑列车还减少了邮寄开支，这也是筹款额增长的一个因素。

"一次了结"策略的唯一不足莫过于它的名字：大多数捐款者捐了不止一次，也不急着和微笑列车做了结。

为什么白间龙的冒险进展得如此顺利？有几种解释：

第六章 爱吃糖的孩子

1. 新奇。慈善机构或任何公司上次向你保证永不骚扰你是什么时候？仅这一点就足够吸引你的注意力。
2. 坦诚。你听过一个慈善机构承认收到那些哀求信是件麻烦事吗？在一片混乱不明的信息中，打开天窗说亮话再好不过了。
3. 控制。微笑列车不再单方面制定交易规则，它赋予捐款者一些权利。谁不希望掌控自己的命运呢？

"一次了结"策略成功还有另外一个原因，这个原因如此重要——明智而有力——以至我们相信这是能使一切诱因奏效或至少更有效的秘方。"一次了结"中最具颠覆性的成就便是改变了慈善机构与捐款者的关系框架。

每当你与另一个个体进行互动时，不论是你最好的朋友还是从未打过交道的政府机构，都会进入某种框架。经济框架掌控着我们买、卖和交易的一切。"我们对他们"框架确立了战争、体育，以及——很不幸——大多数政治活动。"喜欢的人"框架中含纳了朋友和家庭（至少是在一切顺利时，否则要留心"我们对他们"框架）。还有合作框架决定了你与同事或业余交响乐团、足球队之间的互动。"权威人物"框架是指有人发出指令而有人要遵从的关系，比如父母、老师、警察、军官和某些老板。

我们大多数人每天都在这些框架中游走，根本不需要思考其界限。我们习惯了在不同框架中产生不同的行为，也懂得诱因在不同框架中的运作方式不同。

假设朋友请你参加他在家里办的晚餐派对，那是很棒、很欢乐的一晚，你以前怎么不知道这家伙还是做西班牙烩饭的高手？！临走时你郑重地感谢他，并掏出一张百元大钞。

啊。

现在假设你带着约会对象到一家高档餐厅用餐，又一次度过了美好的时光。走出餐厅前，你告诉老板你非常享受这顿饭，并给了他一个大大的、友好的拥抱，就是没去结账。

啊，啊。

在第二种情形里，你忽视了经济框架的明显规则（还有可能被捕）。在第一种情形里，你用钱玷污了"喜欢的人"框架（还有可能失去一个朋友）。

所以一旦弄乱框架便很容易陷入麻烦。不过若能使一种关系在不同框架中转换，那将会产生极大的效力。不论是通过微妙的暗示还是具体的诱因，很多问题，两个人的或是两

第六章 爱吃糖的孩子

亿人的,都能通过转换双方关系的互动框架得到解决。

20世纪70年代早期,中美关系还很紧张,之前数年都没有建立外交关系。中国把美国看作粗鄙的帝国主义者,而美国把中国看作残酷的共产主义者,更是冷战时期苏联的坚实盟国。这两个国家的每次接触几乎都会陷入"我们对他们"框架。

尽管如此,两国也有必要缓和关系,因为政治、经济等各种因素。实际上私下谈判已经开启,但几十年的政治摩擦造成了两国无法直接对话的僵局。太多的骄傲备受威胁,太多的面子需要挽救。

乒乓球队来了。1971年4月6日,中国队参加了在日本举办的世界乒乓球锦标赛。这是20多年来中国运动队首次参加在国外举办的比赛。由于比赛期间发生的一些事,队伍又接受了毛主席的嘱托:邀请美国队到中国来。于是一周后,美国乒乓球队出现在北京人民大会堂,与周恩来总理进行了面对面的交谈。

尼克松总统之后把国务卿基辛格派到北京,进行一次神秘的外交行动。基辛格访华之后,中国乒乓球队也访问了美国,以及更重要的——尼克松访华。尼克松后来称之为"改变世界的一周"。若不是乒乓外交隐蔽地转换了"我们对他们"框架,这些还会发生吗?或许会。不过周恩来总理认可了这个举动的有效性,如此有效地以体育作为国际外交的途径,这是史无前例的。

即便是在没那么重要的情形中,改变关系框架也能带来翻天覆地的变化。看看下面这条褒奖:

> 你们是最棒的。我把你们的网站介绍给了很多人……你们真的做了正确的事!!千万不要变!谢谢你们!!!

这是在夸奖谁?一个摇滚乐队?运动队?抑或……一家网络鞋店?

1999年,一个叫作美捷步(Zappos)的公司开始在网上卖鞋,后来又增添了服装。就如很多年轻企业家创建的现代公司一样,美捷步不只被经济诱因驱使,更希望得到客户喜爱。它声明,客户服务是公司发展的核心力量。这不是指一般的客户服务,而是极度殷勤的服务,客户随时可致电,没有公司不能为客户做的事。

第六章 爱吃糖的孩子

在外人看来，这很奇怪。如果有任何生意是不必对客户卑躬屈膝的，那似乎就是网络鞋店了。然而美捷步有不同的想法。

对于一般的公司来说，顾客就是个活人钱包，要从那里尽量多地掠夺财富。每个人都明白这点，但是没有公司愿意做得过于赤裸裸。所以很多公司使用了极为友好的标识、宣传语、吉祥物和形象大使。

但美捷步不愿伪装友好，而是想要真正友好地对待客户，至少是为了公司的成功。因此，他们没有把电话号码埋在网页的某个角落，而是贴在了网页的最上方，并在电话服务中心安排了全天候服务，节假日不休（有些通话的长度和亲密度就好像"长时间谈话疗法"，有人这样评价）。这也是为什么美捷步推出了365天的退货期限和邮费全免的服务。也因此，当顾客因为家人去世而未能按要求退鞋时，美捷步还会为他寄去一束花。

为做出这样的框架转换——从传统的经济框架变成朋友框架，美捷步首先需要改变公司本身和其员工之间的框架。

通常电话客服中心的工作并不令人向往，工资也不高。（在美捷步位于拉斯维加斯的总部，客服代表的薪水是每小时

11美元。)那么美捷步如何招聘到更高等级的客服代表呢?

一般的答案是,付更多的钱。然而美捷步没有那么多钱。所以取而代之的是,他们为员工带来了更多的趣味,赋予了更多的权利。他们的员工会议往往开在酒吧里。在公司里走一圈你会以为来到了狂欢节,充满了音乐、游戏和奇装异服。公司鼓励客服与客户尽情唠嗑,多久都没关系(自然也没有事先准备好的台词);他们有权处理问题,不需请示主管,也可以自己决定赶走找麻烦的顾客。

美捷步电话中心的工作究竟有多受欢迎呢?在最近一次招聘中,他们雇用了250名新员工,而申请人有25 000名——只是为了一小时11美元的工作!

这种框架转换最惊人的结果是什么?美捷步远远地抛开了对手,成为公认的全球最大的网络鞋店。据报道,它于2009年被亚马逊以12亿美元的价格收购。值得称赞的是,亚马逊欣赏美捷步的与众不同,在上交美国证交会的文件中声明会保留美捷步的管理团队以及它那"为客户疯狂的文化"。

我们也不要忘了微笑列车是如何转换与捐赠者之间的关系框架的。即便人们都认为捐款是完全关乎利他主义的,老牌广告人白间龙却有更深刻的认识。他是在卖产品(在微笑

第六章 爱吃糖的孩子

列车的例子里,他们卖的是悲情的故事),而捐款者是在购物(一个快乐的结局)。

"一次了结"策略改变了这个模式。微笑列车没有抓住捐款者进行强行推销,它改变了所传达的信息:嗨,我们知道每年收到18封募款信是很烦人的,我们也不希望寄出那么多封。但是我们都是在与疾病做斗争,所以为何不寄给我们几块钱?而我们将从此不再打扰您。

成功!经济框架变成了合作框架,让每一方,尤其是那些足球男孩和足球女孩,都能受益。

我们并不是说每个问题都能通过转变框架或机智的诱因来解决。找到有效并能持续奏效的诱因异常困难。(还记得爱吃 M&M 巧克力豆的三岁小女孩是如何戏弄她父亲的吗?)很多诱因都会失败,而有些失败如此具有冲击力,以至引发了更多你意在阻止的不良行为。

墨西哥城一直饱受交通堵塞之苦,空气污染严重,人们想准时到达任何地方都很困难。政府无奈之下颁布了限号计划。根据车牌号码,驾驶者每周有一天不能开车。本意是减少上路车辆从而减轻堵塞状况,让更多人利用公共交通,同时也能减少污染。

计划奏效了吗？

限号后，路上车辆更多了，公共交通的使用率并没有增加，而空气质量也没有改善。为什么？因为很多人为了绕开车牌号的限制又买了新车，其中不少都是旧型号的廉价耗油车。

在另一个案例中，联合国设立了一项激励计划，对减少排放到大气中的污染物的制造商进行补偿。这些补贴以碳信用的形式在公开市场上出售，与每种污染物对环境的危害程度挂钩。

一家工厂每少排放一吨二氧化碳，就会得到一个积分。其他污染物的收益要高得多：甲烷（21分）、一氧化二氮（310分），以及排在首位的三氟甲烷（HFC–23）。三氟甲烷是一种"超级"温室气体，是制造二氟一氯甲烷（HCFC–22）的副产品，二氟一氯甲烷是一种常见的制冷剂，本身对环境有害。

联合国希望工厂改用比二氟一氯甲烷更环保的制冷剂。它认为，激励工厂的一种方法是奖励工厂销毁它们储存的三氟甲烷。因此，联合国为销毁而不是释放到大气中的每吨三

第六章 爱吃糖的孩子

氟甲烷提供 11 700 个碳信用积分的巨额奖励。

你能猜到接下来发生了什么吗?

世界各地的工厂开始大量生产更多的二氟一氯甲烷,以生产更多的三氟甲烷,从而获得更多的积分。正如环境调查组织(EIA)的一位官员所说:"证据确凿,制造商制造过量的三氟甲烷,只是为了销毁它,以获得碳信用积分。"每家工厂通过出售三氟甲烷的碳信用额度,平均每年能赚 2 000 多万美元。

带着愤怒和尴尬,联合国改变了该程序的规则,以遏制滥用。一些碳市场禁止了三氟甲烷的信用额度,使工厂更难找到买家。那么,那些额外的有害的三氟甲烷突然失去了价值,会发生什么呢?环境调查组织警告称,可能有大量的三氟甲烷进入大气,导致全球温室气体排放量飙升。

这意味着联合国最终将向污染者支付数百万美元……导致更多污染。

很不幸,起到反作用的奖赏并不罕见。这种现象有时被称作"眼镜蛇效应"。据说,在殖民统治时期的印度,大英帝国政府觉得德里的眼镜蛇过多,就颁布了以蛇皮换钱的法令。这个诱因奏效了,效果出人意料的好,以致催生了一个新产业：眼镜蛇养殖。印度人开始饲养并宰杀眼镜蛇，从而得到奖金。最后奖金制度被废除，于是眼镜蛇养殖者做了件合情合理的事，把蛇放生，而这些蛇就像今天的三氟甲烷一样有害，不被需要。

然而放眼望去，世上依然屡屡出现试图通过悬赏来除害的例子。我们就听说佐治亚州试图用这种方法减少野猪的数量，南非也试图这样消灭老鼠。每当遇到这种情况，一群人就开始和系统做游戏了。就如马克·吐温写的那样："使美国狼、澳大利亚兔子以及印度蛇的数量增加的最好方法，莫过于抓动物换赏金，每个爱国者都会因此开始养这些动物。"

为什么有些诱因会起到如此糟糕的反作用，尽管它们是聪明、好心的人设计的？我们至少能想到三个原因：

1. 没有一个人或政府能比得上群众的集体智慧——想办法钻诱因政策的空子。
2. 我们很容易想象思维方式相同的人会做出何种行为改变，然而当我们试图改变一个人的行为时，这个人的思维方式往往和我们是不同的，所以不会做出我们期待中的反应。

第六章 爱吃糖的孩子

3. 我们倾向于臆断人们当前的行为方式是不会改变的，然而诱因的特性恰恰说明，规则改变，人的行为会随之改变，虽然如我们所见，改变的方向不见得在意料之中。

还有一点很明显：没人喜欢被操纵的感觉。太多诱因机制是伪装得不到位的向对方套钱套权的钩子。如果有人产生了抵触心理，你也不该惊讶。魔鬼式思考或许有时听似一个以巧妙的方式实现愿望的练习，这也并没有不妥。但我们一直以来设计、分析诱因的经验告诉我们，实现愿望的最佳方式便是善待他人。善意几乎可以把任何一种互动推入合作框架。它在最出乎意料的时刻最能显示出威力，比如出现问题时。每个公司中，一些最忠实的客户都是在解决大问题的过程中被善待的。

所以，设计正确的诱因机制固然不易，但这里有一系列简单的法则，通常能把我们指向正确的方向：

1. 找到人们真正关心什么，而非口头说关心什么。
2. 选用对对方来讲有价值，而对你来讲开支小的诱因。

3. 注意人们的反应，如果这反应使你惊讶或沮丧，从中学习并尝试不同的方法。
4. 尽可能地制造化敌为友的转换框架。
5. 永远、永远不要臆测人们会因"这样做正确"而去做一件事。
6. 要知道，总是有人会想尽一切办法和你的系统做游戏，用你无法想象的方式打败你。请你为他们的机智喝彩，而不要咒骂他们的贪婪，哪怕这样想只是为了不让自己疯掉。

好了，这些就是诱因的总结了。挺简单的，不是吗？现在你可以进入高级诱因机制课程了。让我们先问一个问题——据我们所知，世上还没有人问过这个问题。

第七章

所罗门王和戴维·李·罗斯有什么共同点？

所罗门王建立了耶路撒冷第一圣殿,他超凡的智慧为世人所熟知。

戴维·李·罗斯是范·海伦摇滚乐队的主唱,以酷爱耍大牌为世人所知。

这两个男人究竟能有多少共同点?这里列举了几个可能性:

1. 他们都是犹太人。

2. 他们都有很多女人。

3. 他们都是最流行的歌曲的词作者。

4. 他们都涉足博弈论。

其实上述四条都是事实，下面的内容可以证明。

1. 戴维·李·罗斯于1954年出生在印第安纳州布卢明顿市的一个犹太家庭。他的父亲内森是一名眼科医生。（戴维是在准备犹太成年礼期间学会唱歌的。）所罗门王约公元前1000年出生在耶路撒冷的一个犹太家庭。他的父亲大卫也是国王。

2. 戴维·李·罗斯"和每个有两条腿的漂亮女孩都发生过关系"。他曾说："我还和一个截肢的女孩睡过。"据《圣经》记载，所罗门王"爱过很多异国女子"，包括"700个正妻和王妃，以及300个嫔"。

3. 戴维·李·罗斯为大多数范·海伦乐队的歌曲填词，包括一首排行榜冠军歌曲《跳跃》(Jump)。所罗门王被认为曾撰写《圣经》中的《箴言》《雅歌》和《传道书》的部分或全部。民谣歌手皮特·西格在他的歌曲《变变变》(Turn! Turn! Turn!)中引用了《传道书》的几个段落当作歌词。而这首歌在1965年被飞鸟乐队翻唱后成了排行榜冠军歌曲。①

---

① 所罗门王和戴维还有一个奇怪的共同点：取名都喜欢用单一祈使动词。

第七章　所罗门王和戴维·李·罗斯有什么共同点？

4. 关于二人的两个最著名的故事都与一个巧妙的策略思考有关，每个希望掌握魔鬼式思考的人都应该学习。

年轻的所罗门王刚刚继承王位，他迫切地想证明自己的判断力。机会很快就来了。一天，两个妓女对簿公堂。她们住在同一栋房子里，并且在几天内先后生下了两个男孩。第一个女人告诉国王：另一个女人的儿子死了，她"半夜起来从我身边偷走了我的儿子，还把死婴放到了我的怀里"。另一个女人辩驳道："不是这样的！活的就是我的儿子，死的才是她的。"

很显然，其中一个女人在说谎，不过是哪一个呢？所罗门王又将如何判断谁才是活着的孩子的母亲呢？

"拿我的剑来，"国王说，"把这个孩子分成两半，一人拿去一半。"

第一个女人祈求国王不要伤害孩子，并同意让第二个女人把孩子抱走。

然而第二个女人赞同国王的解决方式："这孩子咱俩谁都别想要，就把他分了吧。"

所罗门王立刻做出了判决："把完整的孩子还给第一个女

人,她才是孩子的母亲。"《圣经》里写道:所有的以色列人都听到了这个判决,看到这个国王拥有上帝的智慧,可以主持公道。

所罗门王是如何做出判断的呢?

他认为一个残忍到赞同分割孩子的女人也能残忍地偷走别人的孩子。而母亲是宁可把孩子拱手让人也不愿看到他死去的。所罗门王设了一个陷阱,等着罪恶与清白自行呈现出面貌。①

相比之下,戴维·李·罗斯也许更聪明。20世纪80年代初期,范·海伦成了史上最著名的摇滚乐团之一。众所周知,他们总是在巡演的途中尽情狂欢。《滚石》杂志写道:"不论他们在哪里落脚,盛大、喧闹的狂欢都会跟随。"

乐队的巡演合同总是带有53页的附文,详细说明了技术、安保的每个细节,还有对食物和饮品的要求。在偶数日里,乐队必须吃烤牛肉、炸鸡或烤宽面,配抱子甘蓝、花椰菜或菠菜。在奇数日里,他们要吃牛排或中餐,配豆角、豌豆或

---

① 认真的读者会想到,大胃王小林尊把热狗掰成两段从而加快进食的方式被人们称作"所罗门法"。而更认真的读者会发现这种叫法是不恰当的。所罗门王只是通过提出分割婴儿的方法来考验两个女人,并不是真要这样做。

第七章 所罗门王和戴维·李·罗斯有什么共同点？

胡萝卜。晚餐绝不能用塑料或纸盘盛装，进餐时也不使用塑料餐具。

在冗长附文的第 40 页里是对零食的要求。他们指定了薯片、坚果、蝴蝶饼和 M&M 豆，旁边还特别声明：绝对不要棕色的。①

这到底是为什么？要求吃坚果和薯片并不算挑剔，那么为什么跟棕色 M&M 豆过不去呢？乐队成员与棕色 M&M 豆有过不愉快吗？乐队有虐待倾向，喜欢让可怜的供餐公司一颗颗地挑 M&M 豆吗？

当 M&M 豆的条款泄露给媒体后，人们普遍认为这是摇滚乐团无度放纵、耍大牌的典型。多年后罗斯说："人们觉得我们为所欲为，肆意凌虐别人，但事实并非如此。"

范·海伦的演唱会现场总是盛大而华丽：庞大的舞台，震撼的音效，炫目的灯光。所有设备都需要支架和电力等方面的大力支持，但他们演出的很多场地都是落后的。"范·海伦的制作规模庞大、思维超前，而有的场地根本不具备能容纳

---

① 本章与上一章都提到了 M&M 豆的不寻常用法，这纯属巧合。我们并未向生产 M&M 豆的玛氏公司收取产品植入或代言费用，虽然现在想来我们有点后悔。

那些制作道具的通道和装卸平台。"罗斯回忆道。

因此他们才需要制定53页的附文。罗斯说:"大多数摇滚乐团的合同就像一本画册,而我们的合同有一本居民电话簿那么厚。"里面有对每个细节的逐点说明,以保证主办方在每个场地都能提供足够的空间,拥有相应的承重能力和供电能力。范·海伦要确定没人会被倒塌的舞台和短路的灯柱夺去生命。

可是乐团每到一个新城市,又要如何确定当地主办方读了附文并做足了安全措施呢?

提示:棕色M&M豆。罗斯到达场地后会立刻去后台检查那碗M&M豆。如果他看到了棕色的巧克力豆,便知道主办方没有认真阅读附文,那么他们就要认真地检查每个重要设备是否安装妥当。

如果看到了棕色M&M豆,他们会把化妆间折腾得乱七八糟。这只会被看作摇滚巨星的荒唐举动,他们设的陷阱便不会暴露。不过我们怀疑他其实也挺享受破坏过程的。

所以说,戴维·李·罗斯和所罗门王都实践了博弈论,也都颇有成效——浅显地说,就是以推测对手下一步棋的方式

第七章 所罗门王和戴维·李·罗斯有什么共同点？

来打败对手的艺术。

经济学家曾一度认为博弈论会主宰世界，能够帮助勾画或预测重要事件的结果。然而事实证明博弈论远没有人们预想的那般有效和有趣。在多数情况下，世界过于复杂，博弈论无法施展它的魔法。然而魔鬼式思考意味着简单思考，就如所罗门王和戴维·李·罗斯所展现的简单博弈论实践就能带来奇效。

虽然两件事的背景没有可比性，但二人却面临着相似的问题：无人认罪时，如何分辨罪恶与清白。用经济学家的话来说，此时出现了"混同均衡"——所罗门事件中的两个母亲和范·海伦巡演的主办方，它们需要被打破，形成"分离均衡"。

说谎的人往往会对诱因做出与常人不同的反应。如何利用这点抓住坏蛋呢？这需要理解诱因的基本作用方式（上一章已经讲过），以及了解不同的人对诱因的不同反应（本章会讲到）。魔鬼智库中的一些工具或许在你的一生中只会起到一两次作用，而这便是此类工具之一。然而它具有力度和某种程度的优雅，能诱惑犯罪者无意间以自己的行为暴露罪行。

这招叫什么名字呢？我们翻遍了史书和教科书，想寻找一个恰当的名称，却一无所得。所以就让我们编一个吧。为了向所罗门王致敬，我们就用一个失传已久的谚语吧：教你的花园自除杂草。

···

想象你被指控犯了罪。警察说你偷东西、打人或者酒驾横穿公园，并压扁了所见的每个人。

可是证据并不确凿。法官也无法确定真相，所以她想出了一个颇具创造力的办法。她下令要你把手臂放入一大缸沸水中：如果能毫发无伤，你便是清白的，会马上释放你；如果你的手臂被烫伤了，你便是有罪的，将被关进监狱。

中世纪的欧洲就把这方案执行了几百年。如果法庭无法判定嫌疑人有罪，案子会被转交给天主教神父，而神父会用滚烫的铁块或沸水进行神明裁判。背后的理念是，上帝知道真相，他会奇迹般使清白者免于受伤。

你会如何评价中世纪的这种定罪方式？

1. 野蛮

2. 荒谬

3. 出奇奏效

第七章 所罗门王和戴维·李·罗斯有什么共同点？

回答之前，让我们思考一下相关的诱因。想象一个生活在1 000年前英国北部的牧羊人，名叫亚当。他是另一个牧羊人拉尔夫的邻居。二人关系不好。亚当怀疑拉尔夫曾经偷过他的几只羊，而拉尔夫到处宣称亚当往羊毛捆中掺了石头以在市场上卖高价。两个人也常常争吵。

一天早晨，拉尔夫的整个羊群都死了，显然是被毒死的。他立刻归罪于亚当。亚当的确有灭掉拉尔夫羊群的动机——对方羊毛产量的减少意味着自己的羊毛可以卖到更高的价钱。不过肯定还有其他可能性。或许羊群死于疾病或自然中毒，或许是另一个对手下的毒，抑或拉尔夫自己投毒以陷害亚当入狱或赔偿。

被交上法庭的证据远不足以定罪。拉尔夫说他看见亚当前一天晚上在死掉的羊群旁鬼鬼祟祟。然而鉴于两个对手恶语相向，法官怀疑拉尔夫也在撒谎。

想象一下如果你是法官，你要如何确定亚当是否有罪？再继续想象100个这样的案子、100个亚当站在你面前，每个案子中的证据都不确凿，而你又不想让罪人逍遥法外。你该如何找出清白的人呢？

让你的花园自除杂草吧。

法官给了每个亚当两个选择：认罪或者把自己交给神明裁判。从现代观点来看，很难想象神明裁判是辨别善恶的有效方式。那么事实呢？让我们看下数据。研究吉卜赛法律和海盗经济等课题的经济学家彼得·里森研究了这个数据。匈牙利教堂有一组13世纪的数据，包括308例进入神明裁判环节的案子。其中100例在施行前被撤回，这就剩下了208个人被神父召入教堂，他们爬上神坛并从远处目睹了其他人被迫抓住火红铁块的受刑场面。

那么这208人中有多少人被烧成重伤？全部？别忘了我们是在说火红的铁块。207人还是206人？

真正的数字是78人。这意味着，130人，几乎2/3接受神明裁判的被告奇迹般地没有受伤，因此被释放。

如果这130个案子不是奇迹的话，那要如何解释呢？

彼得·里森认为他找到了答案：神父的道具。也就是说，神父对刑罚器具做了手脚，既让神明裁判看似奏效，又要保证被告不会被烧伤。这并不难，因为神父掌控着全部过程。或许行刑前他把铁块换成了凉的，或者往一坛沸水中倒入了一盆凉水。

为什么神父要这样做？或许他只是动了恻隐之心，抑或

第七章 所罗门王和戴维·李·罗斯有什么共同点?

他接受了贿赂?

里森看到了另一种解释。让我们回想一下那50个法庭无法定罪的亚当,我们假设其中有些人有罪而有些人是清白的。就如之前所述,有罪和无罪的人往往对同样的诱因有着不同的反应。在这个背景下,清白的亚当和罪恶的亚当分别在想些什么呢?

罪恶的亚当想的或许是:"上帝知道我有罪,所以如果我接受了神明裁判,就会被烫得很惨。那时我不但会入狱或赔偿,而且余生都将生活在伤痛中。所以,或许我应该去自首,从而避免神明裁判。"

清白的亚当又会想些什么呢?"上帝知道我是无罪的,所以我要接受神明裁判。上帝永远不会让这炙热的诅咒伤害到我。"

所以对上帝的信仰在神明裁判中起到了关键性作用。里森写道:"这便形成了一个分离均衡,只有清白的人愿意接受裁判。"这就解释了为什么100例裁判被撤销:这些例子中的被告认罪了,至少在绝大多数情况里,有罪的被告有可能为了避免忍受额外的烧伤之苦而接受定罪。

那么我们的牧羊人亚当呢?让我们假设他没有毒死拉尔

夫的羊群，而是被拉尔夫陷害的。亚当的命运又会如何呢？在他站到教堂的沸水锅之前，神父恐怕已经看出了他的清白，所以他会相应地对器具做手脚。

别忘了还有78个人的确被烧伤，付了赔偿金，并入狱。这些人又是怎么回事？

我们能给出的最好解释是：（1）神父认为这些人有罪；（2）神父至少要在表面上维护神明裁判的威信，否则它就失去了分辨善恶的效应，所以这些人被牺牲了。

我们还要注意，如果被告不相信无所不知、无所不能而又惩恶扬善的上帝，那么这种威胁效应也不会产生。然而历史告诉我们，那个年代的人大多相信上帝的存在。

于是这个奇怪的故事生出了一个最奇怪的枝节：如果中世纪神父的确对神明裁判做了手脚，那么这就使神父成了那时唯一不相信全能上帝的人，即便相信，他也对自己干预神明裁判以维护公正的神权充满信心。

•••

如果你能学着建起自除杂草的花园，那么你也将能够时

第七章 所罗门王和戴维·李·罗斯有什么共同点？

不时地扮演上帝了。

假设你的公司每年要招聘几百名新员工。招聘费时费钱，尤其是员工流动率很高的行业，比如说零售业每年的员工流动率大约在50%，而快餐店则达到了100%。

所以毫不意外地，公司会尽量简化申请过程。现在申请者只需20分钟就能在舒适的家中上网填完申请表。好消息，不是吗？

或许不是。如此简单的申请过程可能会吸引对这份工作并不太感兴趣的申请者。他们从纸面上看似不错，但即便被录用也不会干很久。

那么如果雇主故意把申请过程设计得无比烦琐呢？比如需要60~90分钟才能完成申请，以排除没有诚意者呢？

我们向几家公司推荐过这种做法，然而没有一家采纳。这是为什么？他们说："如果我们把申请表弄得过长，申请人就会减少。"而这恰恰就是重点：你能立刻排除很可能面试迟到的人，或是几周后就会辞职的人。

高等院校对折磨申请者却没有丝毫的不安。想想一名高中生若要报考不错的大学需要投入多少精力。工作申请者被录用后会拿到工资，而大学申请者却是要向学校付钱的。想到这点，两者申请过程的差别就显得尤其惊人了。

不过这的确解释了为何大学文凭依旧那么吃香。（在美国，四年制大学文凭持有者的薪水要比只有高中文凭的人高75%。）一张大学文凭对于招聘者来说意味着什么？它说明了这个人有意愿也有能力完成各式各样冗长、复杂的任务，而且作为新员工，他不会一遇到小挫折便逃之夭夭。

如果无法让每个工作申请人像申请大学时一样努力，那么有没有一种快速、机智又廉价的方法能够在第一时间排除不合格的申请者呢？

美捷步就想出了这样的办法。上一章中讲到的网络鞋店美捷步有很多不同寻常的经营方式，它的客服是成功的关键。所以尽管这只是个时薪11美元的工作，他们依然希望每个员工都能有完全忠于公司的精神。因此公司给出了这样的待遇：每个通过筛选、被录用并接受了几周培训的新员工，都可以选择辞职，辞职者甚至还能拿到培训期间的工资和相当于一个月工资的2 000美元的额外津贴——只因辞职！他们只需接受离职意见调查，并同意永远放弃在美捷步工作的资格。

这听起来是不是很疯狂？什么样的公司会给辞职的新员工发2 000美元?！

第七章 所罗门王和戴维·李·罗斯有什么共同点？

聪明的公司。"这就把员工实实在在地放到了这样一个立场中：你是更在乎钱，还是我们的企业文化和企业本身？"公司首席执行官谢家华说道，"如果他们更在乎获取好赚的钱，那或许不适合我们的公司。"

谢家华认为所有拿了那2 000美元的员工都是从长远角度考虑会使公司损失超过2 000美元的人。业界数据显示，替代一个员工的成本是4 000美元。而一项对2 500家公司的调查显示：一个不优秀的员工会降低公司的效率和士气，给公司带来超过25 000美元的亏损。所以美捷步决定仅预先支付2 000美元，让不合格的员工在扎根前自行除名。直到本书撰写之时，接受这2 000美元的新员工只占不到1%。

美捷步的淘汰机制与中世纪神父、戴维·李·罗斯和所罗门王有所不同。美捷步的操作是完全透明的，没有任何欺骗因素，而其他几个例子都以欺骗为手段——使一方在不知自己被操纵的情形下暴露自己。美捷步的故事或许在道德上显得更胜一筹，然而我们必须承认，利用"骗局"乐趣更大。让我们再来看一看以色列的秘密子弹加工工厂。

第二次世界大战后，英国政府宣布放弃对巴勒斯坦的统治。英国被战争折腾得精疲力竭，不愿再为调停阿拉伯人和犹太人的顽固对峙耗费心力。

对于在巴勒斯坦居住的犹太人而言，英国一旦撤离，和阿拉伯邻居的战争便在所难免了。于是犹太准军事组织哈加纳开始储备武器。枪支的供应并不短缺，他们可以从欧洲等国走私，而子弹却极缺，因为英国统治时期制造子弹是违法的。所以哈加纳决定在雷霍沃特附近的基布兹山顶农场建造一个秘密子弹加工工厂，距特拉维夫市15英里（约24千米）。工厂代号：阿亚隆研究所。

基布兹有个柑橘园、一个蔬菜园和一个面包房。研究所就建在洗衣店的地下。洗衣店的作用是掩盖生产子弹的噪音，也为员工提供了一个掩护身份：工人每天要去洗衣店报到，然后把一个巨大的洗衣机推到一旁，通过秘密楼梯进入地下工厂。用着从波兰走私来的设备，研究所就这样开始生产斯特恩式轻型机关枪所需的9毫米口径子弹了。

子弹工厂极为神秘，在那里工作的妇女甚至不能对丈夫吐露实情。行动不但要对阿拉伯人保密，还要对英国人保密。在那里驻扎的英国士兵尤其喜欢到基布兹洗衣房洗衣服，这使保密工作更为困难。这些英国士兵还会来此和工人聊天，一些基布兹人作为犹太旅成员在"二战"中曾与英国人并肩

第七章 所罗门王和戴维·李·罗斯有什么共同点？

作战。

有一次，事情差点败露。他们正在往楼下运送造子弹的机器，一位英国军官出现了。"伙计们把他带到了食堂并奉上了啤酒，我们最终才得以安放机器并封住了入口。"当时的一位工厂管理人回忆道。

他们还是被吓坏了。如果英国人抵抗住了啤酒的诱惑，研究所很可能会被迫关闭，而组织者会被抓入大牢。他们必须为下一次的突然造访做好防备。

据说解决的方法在啤酒中。英国军官抱怨基布兹的啤酒不够凉，他们喜欢喝冰镇的。急于讨好他的犹太朋友们建议：下次您过来之前先打个电话，我们会提前为您准备好冰镇啤酒。 解决了！冰镇啤酒方法神奇地奏效，至少基布兹的传说是这么说的，英国军官再也没有突然造访过。后来工厂制造了200多万颗子弹，在以色列的独立战争中派上了用场。基布兹人满足了英国人的小小需求，成就了自己更大的目标。

教花园自除杂草的方式（或者说制造分离均衡的方式）有很多。地下子弹工厂和美捷步都挂出了诱饵——冰镇啤酒和2 000美元——以使"杂草"自行消失。神明裁判倚赖的是无所不能之神的威胁。而戴维·李·罗斯和所罗门王则为了得到真相而甘愿牺牲自己的声誉——罗斯扮演着比现实中夸张的摆谱浑蛋,而所罗门王佯装成为尽快断案而屠杀婴儿的嗜血暴君。

这些诱惑人们自行归类的方式不但用途广泛,还能让你赚一大笔钱。看看下面这封电子邮件吧:

敬爱的先生或女士:

这是最高机密。

我是尼日利亚拉格斯能源管理协会的官员。我正在寻找一个可靠、诚实、值得信赖的合作者,并从工商业联合会的名录上找到了您的信息。

我和我的同事在城市供电承包项目的批准过程中得到了一些无法走账的资金,这些资金现在由我们安全保管。

但是我们决定把这1 030万美元转出尼日利亚,所以我们需要找一位可靠、诚实又不贪婪的国外合作者协助我们转走这笔钱。我们同意拿出总资金的30%作为您的报酬。

第七章 所罗门王和戴维·李·罗斯有什么共同点?

如果您有能力无误地处理这项事宜,我们便对这笔交易充满信心。请保守这个最高机密,不要向任何渠道提及我们,以免危及我们的职业生涯。

若您感兴趣,请立刻通过当前电子邮箱联系我,以得到更多细节并进行更便利的沟通。

你收到过类似的邮件吗?当然。或许此时此刻正有一封邮件在钻进你收件箱的路上呢,不是来自政府官员,就是来自被废黜的王子或亿万富翁的遗孀。在每个故事中,主人公都拥有需要从官僚或不合作的银行中解冻的千百万美元。

然后你就派上用场了。如果你提供了你的账户信息(或许还要寄去从指定银行拿到的几张印有信头的空白信纸),那个寡妇、王子或政府官员就能在一切处理稳妥前安全地把钱存放在你的账户中了。你有可能还需要去一趟非洲,办理一些敏感手续,或许你还需要预付数千块钱的手续费。当然,事后你会得到丰厚的奖赏。

你被诱惑了吗?希望没有。这铁定是个骗局,它的不同版本已流传了几个世纪。先前还有一个西班牙囚犯版。骗子佯装成被剥夺财产、误判入狱的富翁,丰厚的奖金等待着为他保释的英雄。过去这些骗局是通过邮政或面对面的途径实施的，而今天大多都存在于网络上。

这类骗局有个总称：预付金诈骗，但更常被叫作尼日利亚信件或419诈骗，名字来源于尼日利亚刑法中的一节内容。尽管很多地方都有预付金诈骗，但尼日利亚好像是"震心"：涉及尼日利亚的此类邮件多于涉及其他地区的邮件总和。这种关联众所周知，以至当你在搜索引擎中输入"尼日利亚"后，出现的自动加载搜索结果很可能就是"尼日利亚骗局"。

科马克·赫尔利思考了这个问题。赫尔利是微软研究院的计算机科学家，他一直对诈骗分子如何滥用科技深感兴趣。他之前在惠普工作时最大的顾虑之一，便是性能日益强大的台式打印机会被用来打印伪钞。

赫尔利以前并没有关注尼日利亚骗局，不过后来不同角度的评价引起了他的兴趣。一个人提到骗子可以赚上千万乃至几十亿美元（具体数据很难找到，不过美国勤局处专门为此设置了任务小组，可见骗子的威力；加州有一位受害者被骗走500万美元）。而另外一个人则说这些尼日利亚骗子是多么愚蠢，编出这些荒诞而又漏洞百出的信件。

赫尔利好奇为何这两种事实可以同时存在。如果骗子的

第七章 所罗门王和戴维·李·罗斯有什么共同点？

确如此愚蠢,信件荒谬得如此明显,为什么他们还能得手呢?他说:"当看到明显的矛盾时,你就会开始刨根问底,试图找到能解释这一切的理由。"

他开始从骗子的角度思考骗局。对于任何准备诈骗的人来说,网络真是个神奇的礼物。你能轻而易举地得到大量邮箱地址,瞬间发出千百万封诱饵信。所以,联系潜在受害者的成本是极低的。

不过把潜在受害者转换成实际受害者需要很多时间和精力,通常包括大量的邮件交流,抑或需要电话沟通,最后还需要办理银行手续。

假如每寄出1万封邮件会得到100名上钩者的回复,那些把邮件丢入垃圾桶的9 900人并没有浪费你一分钱,而现在你可以"重点培养"那100个人了。而这里每当有人变聪明、因害怕退缩或仅仅失去兴趣,你的潜在利润就会降低。

这100个人中最后有几个会真正付钱呢?假设有一个。另外的99个都是统计学中的假阳性错误。让美国警方做出反应的95%的防盗警报都属于假阳性错误,相当于每年3 600万例,使警方损失近20亿美元。而在医学界,我们则更加重视假阴性错误,比如未被查出的致命疾病,然而假阳性错误也是巨大的问题。一项研究发现，在前列腺、肝脏、结直肠和卵巢癌症的定期检查者中，假阳性错误率高得惊人（男性60%，女性49%）。一个组织甚至呼吁取消健康女性的卵巢常规检查，因为它根本就不怎么奏效，而假阳性错误诊断"让太多的女性接受了没必要的伤害，比如大手术"。

印象中最近一次最具破坏性的假阳性错误就发生在科马克·赫尔利所从事的电脑安全领域。2010年，迈克菲杀毒软件在大多数运行微软的视窗系统中发现了一个恶意文件。它及时地做出反应，根据用户的设置删除或隔离了这个文件。可是有一个问题：这并非恶意文件，而是视窗系统的启动文件。杀毒软件错误地攻击了健康文件，"使千百万台电脑陷入了无止境的重启循环"，赫尔利说。

那么尼日利亚骗子要如何使假阳性错误率降到最低呢？

赫尔利用他的数学和电脑知识思考了这个问题。他指出了潜在受害者最有价值的特征：易轻信他人。还有什么人会仅凭一封关于非法财产的古怪邮件就把几千、几万块钱寄给远方的陌生人？

尼日利亚骗子如何仅凭邮件地址来判断什么人容易上当呢？他们不能。容易相信他人是一种无法被观察到的特征，

第七章 所罗门王和戴维·李·罗斯有什么共同点？

但是赫尔利发现骗子能够邀请轻信者自动现身。他们是如何做到的呢？

他们寄出如此荒唐的信，里面还包含着出名的"尼日利亚"字眼，只有最易轻信别人的人才会当真。任何有一丁点儿理智和经验的人都会立刻删除这样的邮件。赫尔利说："骗子想找没听说过这个骗局的人。任何一个看到邮件没笑趴下的人都是他们想找的诈骗对象。"

赫尔利在一篇学术论文中是这样写的："这种邮件更多是为排除不可骗的人——绝大多数人，而不是吸引可骗的人……不提到'尼日利亚'字眼、用听上去更可信的语言一定会吸引更多人回复，也会带来更多最终上当的人，但这样会降低骗子的总收入……那些最初相信但后来清醒过来的人和在最后关头放弃的人，恰恰是骗子们最想避免的、成本最昂贵的假阳性错误。"

如果你的第一反应是尼日利亚骗子真愚蠢，那么或许你就如赫尔利一样已经被说服，这种愚蠢是我们都希望拥有的。他们发出的荒唐邮件是绝妙的，让庞大的花园自行清除了杂草。

尽管如此，他们依然是小偷和恶棍。你可能会钦佩他们的方式，却不会赞美他们的使命。所以现在我们明白了游戏方式，又能如何以其人之道还治其人之身呢？

赫尔利相信有这样的办法。他赞许地指出，有一个小型"骗子诱饵"网络社区就在忙着给这些尼日利亚骗子发邮件交流，浪费骗子的时间。"他们这样做主要是为了显摆。"赫尔利说。而他希望通过自动化手段来增强这种做法的效力。他说："我们需要做一个能与人交谈的自动聊天程序。这样的例子是存在的，比如说现在有一个心理治疗自动聊天程序。你需要做一个能拴住骗子的东西，让他上钩。不需要让他回信20个来回，但若每次都能浪费他一点精力，就很好了。"

换言之，赫尔利希望看到一个会装笨的聪明程序，以此打败同样以装笨来寻找轻信者（若不是笨蛋）的聪明骗子。

赫尔利的聊天机器人会使骗子的系统假阳性错误泛滥，使他们无从找到真正的受骗者。你可以把这想象成：为骗子的花园播种上亿棵杂草。

我们也认为在坏蛋攻击好人之前先打击一下坏蛋不失为一个好主意。

在《魔鬼经济学1》一书中，我们描写了与英国某大型银行的一位防诈骗官员共同创立的一套系统。它可以分析由

第七章 所罗门王和戴维·李·罗斯有什么共同点？

千百万银行客户产生的数万亿数据点，由此筛出潜在的恐怖分子。系统创立的启发来自美国"9·11"事件中恐怖分子的不规则账户动态。这些关键动态包括：

- 他们会先存入一大笔钱然后定时领取，却没有固定的进项。
- 他们的账户中没有正常的生活消费，比如房租、水电费、保险费等。
- 他们中有些人常打出或收到国际汇款，而金额必然低于申报限额。

类似的指向标远远不足以识别恐怖分子或是哪怕一个小小的罪犯。但是有了开始，并不断从英国银行数据中提炼新标尺，我们便能够调紧系统的套索了。

这套索必须设置得很紧。假如我们的系统推断银行客户与恐怖组织关联的准确度能达到 99%，那这或许听起来不错，除非你思考了这类情景中 1% 假阳性错误的代价。

英国恐怖分子并不多，让我们假设一共 500 人。具有 99% 准确度的系统能够正确指认 495 名恐怖分子，但也会错误地指认总人数的 1%。英国总人口中大约有 5 000 万成年人，也就是 50 万清白的人会被错误地指控与恐怖组织有瓜葛。这会发生什么？你可以尽管去夸耀 1% 的假阳性错误率有多低，看看尼日利亚骗子们面对的是什么比例！但这无法减少你面前这许多气愤的人（还很可能有很多法律诉讼）。

所以系统的准确率必须要接近 99.999% 才行。我们为此也不断在系统中添加指向标。有的只是人口特征方面的（英国已知的恐怖分子大多是年轻的男性，到目前为止也大多是宗教极端分子）。还有行为方面的，例如，潜在恐怖分子很少会在周五下午从自动提款机上提款，因为那是祷告仪式的时间。

其中有一个因素在运算中作用尤其大，那就是人寿保险。一个"预备恐怖分子"几乎从来不会从自己存取款的银行买保险，即便他已经有了妻子和小孩。为什么呢？我们在《魔鬼经济学 1》里解释过：保险条款中说明，被保人若涉足自杀式炸弹袭击等恐怖行为则有可能使保险自动作废，因此他们的钱就浪费了。

经过几年的调整后，这套运算系统在庞大的银行数据库中开始运行。为了不影响正常业务，它每晚在银行的超级计算机上运行。系统表现得不错，生成了相对来讲不算长的一

第七章 所罗门王和戴维·李·罗斯有什么共同点？

串名单，我们很确定里面至少有五六个恐怖分子嫌疑人。银行交给我们的是蜡封的信封，里面装着名单——由于隐私法的保护，我们看不到人名，然后我们要把这封信转交给英国国家安全部门的管理人。一切都像在拍《007》。

这名单上的人后来发生了什么？我们很想告诉你，但是我们不能，不是为了保守国家机密，而是因为我们也不知道。尽管英国政府看似对我们提供的名单很满意，但并不想带着我们一起敲嫌疑人的大门。

这看似就是故事的结局了，然而一切还没有结束。

在《魔鬼经济学2》中，我们不光描述了这个运算系统的来龙去脉，还提出未来的恐怖分子应该如何避免被识别：去银行买保险。我们指出，与我们合作的银行"提供每月只需付几块钱的新客户保险"。我们还为此策略打了广告：地球变冷、爱国的妓女以及当人肉炸弹的人为何该买人寿保险。

在去英国促销新书时，我们发现英国公众并不感激我们为发现潜在恐怖分子出谋划策。一位报社评论人写道："我不清楚我们为什么要把秘密告诉恐怖分子。"广播和电视主持人就没那么客气了。他们让我们说清楚，什么样的白痴会花功夫做这样一个陷阱，然后再详细说明避开陷阱的方法。显然我们比尼日利亚骗子还愚蠢，比戴维·李·罗斯还自负，比所罗门王还嗜血。

我们吞吞吐吐，我们支支吾吾，我们百般找借口；有时我们把头低下，深深地忏悔。不过我们心里在笑。每次因愚蠢被炮轰，我们都会更加高兴。为什么呢？

从项目一开始我们就明白，从几千万人中找出几个坏人是件难事。如果能骗坏人自动现身，我们的成功概率还大些。我们的人寿保险骗局——是的，它一直都是个骗局——就是为了达成这个目的。

你认识的人里会有人从银行买保险吗？没有。我们也没有。很多银行的确销售保险，但大多数客户只用银行处理与钱有关的业务。如果人们想买保险，会去找保险经纪人，或者直接找保险公司。

所以当这两个美国傻子因给潜在恐怖分子出主意而被英国媒体抨击时，什么样的人会忽然跑去银行买保险呢？想要遮掩自己行踪的人。而我们的系统早已准备就绪，仔细地观察着。我们向此章中描写过的伟大头脑学习，设计了陷阱，等待着犯罪者自投罗网。用所罗门王的话说，这促使他们"中了自己的埋伏"。

第八章 如何说服不想被说服的人？

每个希望进行魔鬼式思考的人都会偶尔发现自己被推到了风口浪尖。

或许你提出了令人不适的问题,挑战了传统,或者只是碰到了不该触碰的话题。因此人们开始对你颇有微词。他们指责你勾结巫师或经济学家。你或许面临着一场恶战。接下来会发生什么呢?

我们能提供给你的最佳建议其实很简单:微笑并转换话题。用开创式思维思考并解决问题很困难,然而经验告诉我们:说服不想被说服的人,难上加难。

但如果你下定决心说服某人,或者当你身处绝境只能奋力一搏时,又该怎么做呢?虽然我们尽量避免争端,但也被卷入过其中几次,并学到了一些东西。

首先,你先要明白说服一个人是多么困难,以及这背后的原因。

大多数气候学家认为地球正在变暖,部分是人类导致的,而地球变暖伴有严重的危害。然而美国的公众却不那么担心。这是为什么?

有一个名叫"文化认知项目"(the Cultural Cognition Project,下称CCP)的研究小组试图回答了这个问题。小组主要由法律学者和心理学家构成。

CCP的主要任务是探索公众在枪支法、纳米技术和约会强奸等棘手问题上的观点是如何形成的。在对地球变暖的认知方面,CCP最早的解释是,公众不认为气候学家言之有物。

然而这个解释说不通。2009年皮尤民调显示,科学家在美国很受尊重,84%的人认为科学家对社会的影响"大多是正面的"。既然科学家在地球变暖问题上收集、分析了数据,并苦苦地思考了很长时间,他们应该是知道真相的。

所以或许答案是无知。或许人们不在乎地球变暖问题,只因他们"不够聪明",就如一位CCP成员指出的那样,"他们没有接受足够的教育,不像科学家那样了解真相"。这个解释看似更有道理。同一份皮尤民调显示,85%的科学家认为

第八章 如何说服不想被说服的人?

"公众不怎么懂科学",而这是一个"大问题"。

为了确认公众在科学方面的无知可以解释他们的漠不关心,CCP自行做了调查。为了考察受调查者的科学和数学知识,研究者要他们在接受调查前先回答一些问题。

下面是数学例题:

1. 假设我们掷一个公平的色子(只用一个而不是一副)1 000次,你觉得其中多少次会掷出偶数?
2. 球拍和球总共1.1美元。球拍比球贵1美元。球多少钱?

下面是科学例题:

1. 请判断对错:地球中心非常热。
2. 请判断对错:爸爸的基因决定了婴儿是否是男性。
3. 请判断对错:抗生素可以杀死病毒和细菌。[1]

---

[1] 下面是数学问题的答案,括号中是回答正确的比例:1. 500次(58%);2. 5美分(12%)(这个问题比想象中狡猾。如果你做错了,很可能答的是10美分。请重新读题,注意"比球贵1美元"几个字)。科学问题的答案:1. 对(86%);2. 对(69%);3. 错(68%)。

答完后还要回答另外一系列问题，包括：

你觉得气候变化对人类的健康、安全和繁荣有多大的危害？

猜猜调查结果如何？你是否觉得数学题和科学题答得好的人会更在意气候变化带来的危害？

是的，研究人员也是这样猜测的，但事实并非如此。研究人员得出的结论是："总的来说，对数学和科学知识掌握得最好的人，与对此一窍不通的人相比，反而更加相信气候变化不会带来严重危害。"

这怎么可能呢？继续深入研究，研究人员在数据中又发现了另一个惊人之处。那些在数学和科学题目中表现不错的人，更有可能对气候变化持极端的观点，认为严重危害被过分渲染了。

这很奇怪，不是吗？那些在数学和科学题目中得分高的人按理说接受了更好的教育，而好的教育塑造的应该是开明、谦虚的人，而非极端主义者，难道不是吗？不尽然。比如恐怖分子，他们往往比周围的非恐怖分子受过明显更好的教育。

第八章 如何说服不想被说服的人？

根据CCP的调查，气候变化极端分子也是如此。

这又该如何解释呢？

原因可能是聪明人有更多印证自己正确的体验，所以无论在何种情景和立场中，他们对自己的知识都更有信心。然而相信自己正确与真正正确是两码事。回想一下菲利普·泰特洛克对政界权威人士预测能力的研究。他发现糟糕预测者最显著的特征就是武断。

还有一种可能，关于气候变化这个话题，人们想得不多也不深。这可以理解。每年的气候变化能够改变长期气候趋势，这改变是在几十年甚至几个世纪中发生的。人们都忙于日常生活，很难去斟酌如此复杂、易变的事。因此，人们根据情感或直觉，或是对很久前得到的一些信息的反应，来决定并坚持自身立场。

当一个人为他的观点投入了很多后，若想改变他的想法必定是困难的。于是你会想，如果一个人对某事没有认真思考过，那么改变他的想法就很容易了。然而我们没有看到支持这一观点的证据。即便是在人们不太在乎的话题上，也很难吸引他们足够长的注意力，从而引发转变。

理查德·塞勒和卡斯·桑斯坦是"助推"运动的先锋。他们看到了这个难题。比起试图说服他人某个目标的价值，不论是节能、健康饮食还是为退休多存款，用巧妙的暗示或新的默认设置来哄骗对方实则更为有效。想要保持公共男厕所的卫生？当然，你可以挂个牌子鼓励人们尿准些，或者，你可以在小便池里印一个苍蝇，然后观察男性因直觉使然做起了命中靶心的练习。

这在试图说服不想被说服的人时意味着什么呢？

第一步是要领会，比起事实和逻辑，对方的观念更多是基于空想和从众心理。如果你当着他的面提出这点，他当然会反驳。他的行为来源于一系列他自己看不到的偏见。行为学大师丹尼尔·卡尼曼写道："我们看不见明显的事物，也看不见自己的盲目。"很少有人没有这种盲点，不论是你还是我们二人。因此篮球传奇卡里姆·阿布杜尔-贾巴尔说："从飞机上跳下来——最好带着降落伞——都比改变我们的观念要容易。"

所以，你要如何才能建立确实能够改变一些观念的论点呢？

与我无关，都是为了你。

每次当你试图说服他人时，请记住，你只是论点的制造者，对方的意见才重要。你的论点或许无可辩驳，逻辑无懈可击，但如果没有给对方带去共鸣，则丝毫不具意义。美国国会最近投资了一项让年轻人远离毒品的媒体宣传活动，准备在全美范围内长期施行。宣传活动由声名显赫的广告公司打造，由一流的公关公司发布，耗资将近10亿美元。你认为这个宣传使年轻人的毒品使用减少了多少？10%，20%，还是50%？《美国公共卫生》杂志发现，"大多数调查显示，宣传没有起到任何作用"，实际上，"一些证据显示，宣传产生了拥护大麻的效果"。

别以为自己的论点是完美的。

若是能让我们看到"完美"的解决方案，我们就给你看宠物独角兽。如果你提出一个承诺各种收益却不用分文成本的论点，对方是不会买账的，也不该买账。万能药是不存在的。如果你掩饰了计划中的缺陷，那就是给了对方怀疑整个计划的理由。

假如有一个你认为即将改变世界的新科技，而你是它狂热的宣传者。你是这样阐述论点的：

自动驾驶汽车（也叫无人驾驶汽车）的时代就要来了，我们要以最大的热情拥抱它。它将拯救几百万的生命，改善社会和经济的方方面面。

你可以无止境地说下去。你可以讲到最严峻的挑战——科技本身，已经大体被克服。世界上几乎所有主要的汽车公司，还有谷歌，都已经成功测试了自动驾驶汽车。车载电脑、全球定位系统、相机、雷达、激光扫描仪和制动器包揽了所有人类司机能做的事，而且做得更好。既然世界上每年1 200万例交通死亡事故中——是的，每年1 200万人因此死亡——90%都是由驾驶员失误导致的，那么无人驾驶汽车很有可能成为现代最伟大的救命英雄。与人类不同，无人驾驶汽车永远不会疲劳驾驶或酒驾，也不会一边开车一边发短信或刷睫毛膏，它不会一边往薯条上挤番茄酱一边换挡，也不会回头拍打后座里的孩子。

谷歌已经在全美公路上试驾它们的自动驾驶汽车超过50万英里（约80.47万千米）了，没有发生一例事故。① 然而

---

① 在累积的50万英里试驾中，谷歌的自动驾驶汽车的确出过两次事故，但都不是在自动驾驶模式下。有一次谷歌汽车在等红灯时被追尾。还有一次司机在手动驾驶这辆车时撞弯了保险杠。

第八章 如何说服不想被说服的人？

安全还不是唯一的好处。老人和残疾人将不用自行开车去医院（或者去海边，如果那是他们心之所向的话）。父母不用担心鲁莽的孩子乱开车。人们晚上消遣时可以无所顾忌地喝酒，这对于酒业、餐馆和酒吧来说是个好消息。因为自动驾驶汽车能够更有效率地穿梭于交通工具之中，交通堵塞和污染情况也会有所好转。如果自动驾驶汽车能够听从我们的指令，那么停车的需求也减少了，这将释放千百万英亩的黄金地段。在美国的很多城市中，停车场占了市中心 30%~40% 的面积。

这一切听上去很完美，不是吗？

当然没有完美的新科技，尤其是像自动驾驶汽车这样大的革命。所以如果你想让别人认真对待你的论点，你必须要好好承认潜在的弊端。

首先，尽管这项科技令人惊叹，但它依然处在试验阶段，可能永远达不到你预期的样子。没错，车上的传感器可以轻松分辨行人和树木，但要克服的问题还有很多。谷歌的工程师承认："我们还需征服在被雪覆盖的路面行驶以及应对临时施工记号等很多司机会面临的棘手难题。"

还会有数不尽的法律、责任和实践方面的障碍，包括这样一个事实：人们或许永远也不会放心让电脑驾车载他们挚爱的人。

而且那些以开车为生的人怎么办？美国将近3%的劳动力，也就是约360万人，靠开车养家糊口，不论是出租车、救护车、公交车、运货卡车还是牵引拖车等。倘若这项新的科技剥夺了他们的生计，他们又将何去何从？

一个没有司机的未来还会遇到什么其他问题呢？这很难说。就如之前所述，预测未来几乎是不可能的事。但这不能阻止政策制定者和科技人员继续预测。他们常常让我们假设最新项目会完全按计划运行，不论是新法规还是新软件。事实罕为如此。所以若想让论点真正具有说服力，你不但要承认现有的缺陷，还要提及潜在的意外后果。例如：

驾驶相关的麻烦和开销减少了，我们会不会因为过多使用自动驾驶车辆，造成更严重的交通堵塞和污染呢？

如果不存在酒驾问题了，全球会不会纵酒泛滥？

电脑控制的车会不会被黑客操纵？如果网络恐怖分子操纵了所有车辆，把它们统统往西开到大峡谷，这又该怎么办？

假如在一个春暖花开的日子里，一辆程序错乱的车闯入了儿童游乐场，撞死了一群儿童，又该怎么办？

第八章 如何说服不想被说服的人？

要肯定对方论点中的合理之处。

在试图说服对方时，究竟为何要承认对方有理呢？

一个原因是，对立的观点几乎总是有价值的。你可以从中学到东西并强化自己的观点。你或许对自己的观点倾注太多而无法相信这一点，但请记住：我们看不见自己的盲目。

再者，如果对方认为自己的观点被忽视，也不太可能用心与你交谈。他或许会对你喊叫，而你可能会和他对着叫，但你若无法与其交谈，又将如何说服他呢？

回想那辆刚刚撞了一群孩子的无人驾驶汽车。假装这件事不可能发生，有何意义呢？我们想象不到任何意义。这些小孩的死亡会使每个听说此事的人毛骨悚然；对于死者父母而言，无人驾驶汽车便成了不共戴天的仇人。

不过让我们想象另外一群父母：他们的孩子遭遇了车祸，正在弥留之际。全世界每年大约有18万名儿童死于车祸，也就是大约一天500名。在富裕国家里，车祸是5~14岁儿童的首要死因，比紧随其后的四个死因（白血病、溺水、暴力和自己造成的伤害）的总和还要多。仅在美国，车祸每年就导致超过1 100名14岁以下儿童的死亡，17.1万名儿童受伤。

自动驾驶汽车又能挽救多少条人命呢?这很难说。一些拥护者预测,这项技术从长远角度看能够基本免除车祸造成的死亡。不过让我们假设这种预想太过乐观,实际上只能让车祸死亡数降低20%。这每年会挽救世界上24万个生命,包括3.6万名儿童。3.6万对父母会免于悲伤。车祸身亡还只是一个部分。每年因车祸受伤或残疾的人数约为5 000万,用于此项的经济开销也着实惊人:年均超过5 000亿美元。在此基础上,"仅仅"降低20%是多么美好的一件事。

是的,那些惨死于自动驾驶汽车的孩子的家长的确令人同情,然而我们也要看清自己已经多么习惯车祸每天给千百万人带来的伤痛。

怎么会这样呢?或许因为我们接受了车作为生活中极好且必要的部分所产生的代价,抑或因为车祸太过普通——大多数甚至不会上新闻,我们根本不会想到它,不像那些吸引我们注意的罕见、喧闹的事件。

2013年7月,一架从韩国起飞的韩亚航空公司的飞机在旧金山机场失事,造成3人死亡。这起事故被全美各大媒体重点报道。传达的信息很明显:航空旅行有可能致命。不过和汽车比起来呢?在韩亚航空的飞机失事之前,美国已经超

第八章 如何说服不想被说服的人？

过 4 年没有发生过客机失事致命事故了。在这 4 年间，死于车祸的美国人有 14 万。①

即便只能挽救其中一部分人的生命，又有什么样的人会反对这种新科技呢？他们一定是反人类的人、原始人，或者至少也是个纯粹的傻瓜。

把那些辱骂留在自己心里吧。

啊，你已经骂过对手不少次"反人类"、"原始"和"愚蠢"了。我们有没有说过，当你试图说服别人时，谩骂是非常糟糕的方法？不用扯太远，就看看美国国会吧。近年来与其说它是立法机构，不如说是被禁锢在无休止的团队比赛中的疯狂夏令营。

人类尽管取得了诸多成就，却依然是脆弱的动物。我们大多数人无法接受批评。最近一大批研究显示，负面信息"在大脑中更被重视"，这是一组研究团队的说法，而另一组

---

① 尽管空难和车祸带来的死亡数量差异巨大，但我们必须指出，两者每行驶 1 英里造成的死亡数量却没差多少。人们的行车里程比飞行里程多多了。美国每年汽车司机行驶总里程达到 3 万亿英里（不包括乘客），而飞机乘客飞行的总里程是 5 700 亿英里。（数据分别来自美国联邦公路管理局和交通统计局。）

则说得更直白，在人类心理活动中，"坏比好感受更强烈"。这意味着负面事件——恶性犯罪、可怕的事故以及各种戏剧性的邪恶给我们的记忆留下了夸大的印象。这或许解释了为什么我们在评估风险方面做得如此糟糕，以及为什么会即刻高估罕见危险带来的危害（就如旧金山机场飞机失事造成 3 人死亡一事）。这也意味着负面反馈带来的痛苦会抹杀正面反馈带来的喜悦。

有一项对德国中小学老师的调查研究。在德国，这些教师比其他公职人员更有可能提前退休，罪魁祸首是他们糟糕的心理健康状况。一组医学研究者试图找到造成这些心理问题的原因，并分析出很多因素：教学工作量，班级规模，以及老师与同事、学生和学生家长的互动。其中一个因素最能预测教师的心理健康状况：他是否被学生辱骂过。

所以，如果你想要破坏对手的心理健康状况，就去告诉他：你低级、愚蠢、令人作呕！然而即便你每一点都说得绝对正确，也不要妄想能说服对方。辱骂别人只会带给你一个敌人，而非盟友。如果这就是你的目的，那么或许从一开始你就不想说服对方。

第八章 如何说服不想被说服的人？

为什么你该讲故事？

我们把我们所知的最有力的说服手段放到了最后。当然，承认自己论点中的缺陷并克制住辱骂对方的冲动是很重要的，但如果你真正想说服不想被说服的人，就给他讲一个故事吧。

这里的"故事"不是指逸事，那只是一个片段，全局中一个一维的碎片。它的规模、视角和数据都远远不够。（就如科学家所说：逸事的叠加并不构成数据。）逸事是曾经在你身上或是你叔叔、你叔叔的会计身上发生过的事，往往没有代表性。它只是为了反对真相而用来炫耀的难忘特例。我叔叔的会计总是酒后驾车，他连保险杠都没撞弯过，酒驾能有多危险？逸事是最低级的说服手段。

而故事能描绘出全貌。它利用统计等数据带给对方程度和规模的意识，没有数据我们便不知道故事与大局之间的关系。一个好的故事还包括时间的推移，从而展现事情的恒定性或变化程度；没有时间范围，我们便无从判断面对的是真正有价值的信息还是不规则的暂时现象。而且故事能铺展开一系列相互关联的事件，展现导致某一状态的各种原因及其带来的结果。

天知道，并不是所有的故事都是真实的。很多传统智慧都只是基于长久以来别人讲述的故事,而那些人都是为了个人利益,可传统智慧却依旧像真理一样被信奉。所以我们应该经常问问故事的根据及意义。

就拿这个我们都听过多年的故事举例吧:肥胖症流行是因为我们吃了太多高脂肪食物。这听起来没什么问题,不是吗?如果肥胖不好,那么摄取脂肪肯定也不好。如果肥肉这种营养成分没有造成超重的状态(肥胖),那人们为何会为二者起同样的名字呢?这个故事成就了低脂肪饮食革命和千百万低脂肪食品,而美国政府往往是领军者。

但这是事实吗?

这个故事里至少有两个问题:(1)越来越多的证据表明,摄取脂肪对健康有益,至少是在适量摄取某些特定种类脂肪的前提下;(2)人们停止摄入脂肪并不表示不吃其他东西,他们开始摄入更多糖分以及会被身体转化为糖分的碳水化合物,而证据表明糖分是肥胖的巨大贡献者。

即便是假的故事也颇具说服力,这证明了讲故事的力量。话虽如此,我们依然希望你在试图说服对方时能尽量多讲实话。

故事为何那么有价值?

第八章 如何说服不想被说服的人？

因为故事发挥的力量超越了显而易见的真相、事件和背景，它使整体远远大于部分之和。故事能带来深度的共鸣。

故事还能触动人们的自恋情结。随着故事情节的发展，故事人物在一段时间内成长并做着各种抉择，我们不可避免地会把自身带入故事中。"是呀，我也会这样做！""不不不，我永远也不会做那样的决定！"

或许讲故事的最大好处就是，它能吸引我们的注意力，所以能起到更好的教育作用。假设你有一个定理、概念或一系列法则想要传达给别人，有的人有能力直接理解复杂的信息——我在说工程师、计算机科学家们，但信息若太过学术或技术化，我们大多数人很快就会走神。

这就是史蒂夫·艾普斯汀面临的问题。那时他是美国国防部的律师。身为行为准则部门的领导，艾普斯汀要为政府各部门做报告，讲述雇员的行为准则。"当然，培训中最大的问题就是保持内容新鲜、实用，"艾普斯汀说，"我们发现，为了达到这个目的，你首先需要让这些人觉得有乐趣，从而吸引他们的注意力。"

艾普斯汀发现直接宣读法规法则是无法奏效的，所以他根据真实故事编写了一本书，名叫《道德规范失败大全》，这里包括了联邦雇员所犯的严重失误。它分为几个有用的章节，包括"滥用职权"、"行贿受贿"、"利益冲突"和"违规政治活动"。这本"百科全书"是美国政府有史以来发布的最具娱乐性的读物（公平地说，这说明不了什么问题）。从中我们听说了一个"颇具生意头脑的联邦雇员在某个夜晚把小型货运车倒停在办公室门口，运走了所有的电脑设备，隔天在后院试图拍卖"。我们还知道"有个军官为了摆脱婚外情捏造了自己的死亡，因此被惩戒"。还有个国防部雇员曾利用她五角大楼的办公室销售房地产。（被发现后她即刻辞职并全职投入房地产事业。）

至少对于史蒂夫·艾普斯汀和他五角大楼的同事来说，这本"百科全书"证明，法则以故事的形式被呈现后才能带给人更强烈的印象。

世界上读者群最广泛的书——《圣经》也告诉了我们同样的道理。《圣经》究竟是讲什么的？这自然见仁见智了。但我们都同意，《圣经》里含纳了人类史上最具影响力的一系列准则，也就是十诫。这些准则成了犹太教与基督教，乃至很多种社会的基石。那么我们每个人都能把十诫正着背、倒着背或者从中间开始背，对吗？

第八章 如何说服不想被说服的人？

好吧,现在请写出十诫。我们给你一分钟时间回忆……

……

……

……

好了,这里是答案:

1. 我是耶和华你的神,是我带你走出了埃及之地、奴役之所。
2. 除我之外,你不可有别的神。
3. 不可妄称耶和华你的神的名。
4. 当纪念安息日,守为圣日。
5. 当孝敬父母。
6. 不可杀人。
7. 不可奸淫。
8. 不可偷盗。
9. 不可作伪证陷害他人。
10. 不可贪恋他人的房屋、妻子……以及他所拥有的一切。

你回答得如何?或许不太好。不过别担心,大多数人都答得不好。一项调查显示，只有14%的美国人能够背出全部十条，只有71%的美国人能够说出至少一条。（大家记得最牢固的是第6条、第8条和10条，而记得最不牢固的是第2条。）

你在想，或许这与《圣经》教条无关，只反映了我们的记忆力有多糟糕。不过请思考如下信息：在同一项调查中，25%的人能说出巨无霸的7种主要材料，35%的人能说出电影《脱线家族》中6个孩子的名字。

如果我们记不住史上最著名的书籍中最著名的规则，那么我们能记住《圣经》中的什么呢？

故事。我们记得夏娃给亚当喂了禁果，而他们的儿子该隐，杀死了弟弟亚伯。我们记得摩西分开红海，带领以色列人逃离奴役。我们记得亚伯拉罕在山上献出独子做祭品。我们甚至记得所罗门王威胁把婴儿斩成两段以解决两个母亲的纠纷。这是被人们讲了又讲的故事，哪怕是没有宗教信仰的人都知道。为什么？因为它们让人印象深刻，它们打动了我们，它们说服我们去思考人类经历中的恒定之处与弱点，这是法则无法做到的。

回想一下《圣经》中更多的故事，那些关于大卫王的。他与已婚妇人拔示巴通奸并使其怀孕。为了掩盖罪行，他安

第八章 如何说服不想被说服的人？

排拔示巴的丈夫，一名军人，战死沙场，并娶了拔示巴为妻。

上帝派遣先知拿单告知大卫王他的行为是不可饶恕的，但身份卑微的先知又将如何向以色列的国王转达这样的信息呢？

拿单给他讲了个故事。他向大卫王描述了两个男人，一穷一富。富人拥有一个牧群，而穷人只有一只羊羔，并把羊羔当作家人一样对待。

某天，一位过路人造访，富人很乐意招待他，但不愿拿出自家的羊。所以他偷了穷人家唯一的羊，杀死它并款待了客人。

这故事激怒了大卫王。"这样的人应该去死。"大卫王说。

"那个人，"拿单说，"就是你。"

任务完成了。拿单没有用法规去谴责大卫王——"嘿，你不可贪恋他人的妻子！嘿，你不可杀人！嘿，不可奸淫！"——尽管大卫王触犯了全部规则。他只是讲了个羊羔的故事，却很有说服力。

其实我们在本书中真正在做的事就是讲故事——吃热狗比赛冠军的故事，溃疡侦探的故事，希望为全世界的贫困儿童做手术的人的故事。当然每个故事都有无数种讲述方式：

叙述与数据的比例，节奏、流程和语气，叙事线以及你在故事中的"切入点"，如伟大作家和医生契诃夫所述。我们讲述这些故事，意在说服你以魔鬼的方式思考。或许我们还没有成功，但你已经读到这里的事实，说明了我们也没有失败。

既然如此，我们邀请你再听一个故事。它与一句经典的忠告有关，每个人在生命中的某个时刻都曾听过这句话，而这正是你必须无视它的原因。

第九章

放弃的好处

时光穿梭,而这句话依然响彻世界:"永不放弃,永不放弃,永远、永远、永远不要放弃任何事,不论大或小、广博或琐碎。"

讲话者是英国首相温斯顿·丘吉尔,演讲在他年轻时就读的寄宿学校哈罗公学举办。而这并不是大人物对男孩子们的普通讲话。那天是1941年10月29日,正值"二战"战火连天时。

希特勒的军队吞噬了欧洲及其他地区的大片土地,英国是它的唯一劲敌。美国那时还未参战,之后也因此付出了代价。德国的战机连月来不断轰炸英国,杀死了数万名百姓。据说陆地攻击也要开始了。

那时情况已经有所改善，但人们仍旧不确定英国是否能成功反击德国，或者说英国几年后是否还会存在，所以丘吉尔那天在哈罗公学留下的那句"永远、永远、永远不要放弃"表现出事态的急迫和严重，不仅激励了那天在场的男孩们，也鼓舞了无数后来人。

这里传递的信息是明确的：可以失败，但不能放弃。美国的版本是这样说的："弃者不胜，胜者不弃。"放弃代表着懦弱、退缩、局限的人格，我们就直说了吧，就是人生输家。谁又能反驳这一点？

魔鬼式思考者，他们能。

当然，如果你是濒临沦陷的大国的首相，至死奋战或许的确是最好的选择，然而我们普通人往往不会面临如此严峻的情形。实际上，正确地放弃能带来巨大的益处。我们建议你试一试。

你已经努力了好一阵子，不论是在工作、创业、学术追求、一段关系、慈善事业、军队职业，还是体育运动方面。或许你为梦想中的项目拼搏已久，甚至已经忘了最初为什么那么着迷。在你最诚实的那个瞬间，你一下子就明白事情进

第九章 放弃的好处

展不佳。那么为什么你还没有放弃？

至少有三个原因让我们先入为主地不愿放弃。第一，我们从小到大一直被那些想当丘吉尔的人告诫：放弃是失败的标志。

第二个原因是有关沉没成本的。它大概是指你在一件事中已经投入的时间、金钱或血汗资本。我们很容易相信，一旦深深投入某件事，放弃便是不合理的。这还被称作沉没成本谬误，或者"协和谬误"，名字来源于超音速客机。它的两个出资者——英国和法国政府怀疑研究协和式飞机从经济角度看不划算，但由于已经投资了几十亿便无法叫停该项目。在比较简单的年代，这叫作"把好钱扔在糟粕中"，然而金钱还不是人们扔进沉没成本陷阱里的唯一资源。想想你持续投入的那些时间、脑力以及社会或政治资本吧，一切只因你不喜欢放弃这个主意。

第三个原因是人们往往把过多注意力放在了实际成本而不是机会成本上。机会成本是指你在某事上每花一分钱或一个脑细胞时所放弃的利用它们的其他机会。实际成本通常容易计算，而机会成本的计算更难。如果你想重返学校获得一个MBA（工商管理硕士）学位，你知道这会用掉两年时间和

8万美元，但倘若不返回学校，你会用这些时间和钱做什么？或者让我们再举个例子：你已参加跑步比赛多年，这是你身份的一部分，但假如在这每周的20个小时里，你没有把一个个脚印留在路面上，你会做些什么？你会做使自己和别人的生活更加充实、高效、精彩的事吗？有可能，如果你不是那么担心沉没成本的话，如果你懂得放弃的话。

让我们说清楚：我们可不是在劝你放弃一切而什么都不做，整天只穿内衣裤坐在沙发上吃玉米片、看电视。但如果你在行不通的项目、关系或思维方式中停滞不前，同时机会成本大于沉没成本时，就可以考虑放弃了。下面是几个关于放弃的思考。

人们很难放弃，因为放弃被看作失败，而没人喜欢失败，或者说在他人眼里失败。但失败真的有那么糟糕吗？

我们不这么认为。我们每接10项魔鬼经济研究项目，大概在一个月内就要放弃9项。不论出于何种原因，我们不是那些项目的合适研究者。资源不是无穷无尽的：如果你不放弃今天的废物，就无法解决明天的问题。

失败也不完全是损失。一旦你开始进行魔鬼式思考，开

第九章 放弃的好处

始进行实验,你就会发现失败也能带来有价值的反馈。纽约市前市长迈克尔·布隆伯格就明白这点。"在科学中,如果你发现你所走的路是条死胡同,那也的确算是个贡献,因为人们就知道不必再走那条路了,"他说,"舆论却称之为失败,于是人们便不愿创新,不愿在政府中做需要承担风险的事了。"

文明是激进而近乎疯狂的成功编年史。这可以理解,但若少让失败背负些耻辱,一切会不会更好呢?有些人同意这个想法,甚至还会用派对或蛋糕来庆祝失败。

高智发明公司是西雅图附近的一家科技公司,他们所做的事与众不同。高智发明的主要业务是获取并授权高科技专利,但它同时还是个老式的发明铺子。有些是自主发明,而有些在世界另一端的某个车库里萌芽。创新各种各样,从新式核反应堆到超级密封的可携式仓库,可用来向撒哈拉以南非洲地区运送易腐疫苗。

说起发明创造,主意永远都不缺。在高智发明公司的一个讨论会上,科学家们可能会提出50个想法。"关于发明的真相就是,大多数想法都行不通,"高智公司测试可行想法的实验室负责人杰夫·迪恩说,"懂得适时放手是永恒的挑战。"

第一轮诊断由公司里的商业、科技和法律分析师团队进行。如果一个想法通过了这一关就会被送入迪恩的实验室——一个5 000平方英尺（约465平方米）的房间，展览着各式各样的锯、观测镜、激光枪、车床和设备齐全的电脑，能容纳100余人。

迪恩说，一旦一项发明进入实验室就有两种力量在起作用。"第一种是真的想找到最好的发明，而第二种是不希望你花很多钱在不会成功的项目上。其中的关键是，快速地失败、划算地失败——这是从硅谷传出的口号。而我更喜欢说'完好地失败'或者'聪明地失败'。"

迪恩是个积极上进、顶着个大光头的男人，有土木工程和流体力学的专业背景。他说，运行实验室最困难的莫过于"让人们懂得风险是工作的一部分，而如果他们能完好地失败，便会被授予可以继续失败的权利。如果在失败上花了1万美元而非1 000亿美元，我们则有机会做更多的尝试。"迪恩说，在这种情况下，"失败可以被视为成功"。

他回忆起2009年一项看似前途无量的发明。那是一个"自动除菌表层"，一项利用紫外线消灭危险细菌的科技。仅在美国的医院中，每年就有数万人死于医疗设备、门把、电灯开关、遥控器和家具表面传播的细菌感染。如果这些物品

第九章　放弃的好处

都被添加一层自动除菌膜，那不是很好吗？

自动除菌表层利用了两个科学现象——"全内反射"和"隐失场效应"，把入侵的细菌暴露在紫外线下并消灭。为了测试这个理念，高智公司的科学家们写了白皮书，做了电脑模型，培养了细菌，做出了样品。这个项目让很多人兴奋不已。公司的创始人之一内森·梅尔沃德已经开始在公开场合为其做宣传了。

测试进展如何？自动除菌表层被证明"能够非常有效地消灭细菌"，迪恩说。

这是好消息。而坏消息是，能使这项发明商业化的现有科技太过昂贵，至少在目前没有任何方法可以继续发展这个项目。迪恩说："我们太超前了。我们只需要等一等，让世界先制造出成本效率更高的发光二极管。"

项目失败的原因多种多样。有时技术有问题，有时政治问题挡了我们的路。在这个例子中，是经济条件不配合。然而迪恩对结果很满意。项目进展得很快，且只花费了公司3万美元。"像这样一个项目，人们很容易一下子投入半年时间，"他说，"这项技术并没有丢失，但项目必须暂停一段时间。"

于是迪恩办了一个老式的悼念仪式。"我们邀请每个人到厨房里来，吃点蛋糕，说点悼词，"他说，"有人做了个棺材，我们把它抬了出去。院子里有个小草坡，我们还为它竖起了墓碑。"然后他们就进屋继续参加派对了，约50人出席。"一天工作下来，如果你提供免费食物和酒水，人们都愿意出席。"迪恩说。

如果妖魔化了失败，人们就会不惜一切代价避免失败，即便它只意味着暂时的挫折。

一次我们为一家大型零售商做顾问，他们正要在中国开第一家店。公司的高层对按时开业十分坚定。而两个月前他们刚召集了与中国店相关的7个团队的领导，让每个人提供一份具体的进展报告。7个人要各选一个标示——绿灯、黄灯或红灯以表示对按时开业的信心。7个人都选了绿灯。好消息！

同时，这个公司有一套内部预测市场。每个员工都能匿名对公司的一系列动作下注，其中一项就是赌中国店是否会按时开业。7个团队的领导都给了绿灯，你会认为下注者也同样看好，但他们没有。预测市场显示中国门店有92%的可能不会按时开业。

猜猜谁赢了？匿名的下注者，还是需要站在大老板面前

第九章　放弃的好处

表态的各团队领导？

中国店没有按时开业。

我们很能理解那些给绿灯的团队领导。一旦大老板进入"前进狂热"的状态，下属则需要莫大的勇气来关注潜在的失败可能性，机构政治、士气和惯性都在阻拦你。而那种"前进狂热"比中国旗舰店推迟开业带来的后果要可怕多了。

1986年1月28日，NASA（美国国家航空航天局）准备从坐落在佛罗里达州卡纳维拉尔角的肯尼迪航天中心向太空发射"挑战者号"航天飞机。发射已推迟多次。这项使命吸引了庞大的公众兴趣，主要是因为宇航员中包括了一名老百姓——来自新罕布什尔的高中教师，名叫克里斯塔·麦考利夫。

准备发射的前一天晚上，NASA与制作"挑战者号"固体助推器的承包商莫顿·赛奥科公司的工程师进行了长时间的电话会议，其中包括在发射现场的莫顿·赛奥科公司项目主管艾伦·麦克唐纳。那天佛罗里达异常寒冷，天气预报显示当晚最低气温降到了18℉（约-8℃），因此艾伦·麦克唐纳和莫顿·赛奥科的其他工程师们建议再次推迟火箭发射。他们解释道，寒冷的天气可能会毁坏防止燃料从助推器中泄漏的橡胶O形环。助推器从未在低于 53℉（约 12℃）的环境中测试过，而天气预报更说明第二天早晨的温度会远远低于 53℉。

在电话会议中，NASA 否定了麦克唐纳推迟发射的建议。他很惊讶。"这是 NASA 第一次面对发射不安全的建议，"他后来写道，"不知由于何种奇怪的原因，我们反而被迫需要用数据证明发射一定会失败，但我们无法证明。"

麦克唐纳后来回忆道，那时坐落在犹他州的莫顿·赛奥科总部的老板中途离开了电话会议约 30 分钟，去和其他公司的总裁讨论这种情况。麦克唐纳写道："当老总回来后，决定不知为何已经反转了。"发射如期进行已成定局。

麦克唐纳脸色铁青，而他的意见已被推翻。NASA 让莫顿·赛奥科公司签署同意发射的协议，麦克唐纳拒绝了，然而他的老板却签了。第二天早晨，"挑战者"号如期发射，73 秒钟后在空中解体，机上宇航员全部遇难。后来总统调查委员会确定了事故原因是 O 形环因天气过冷而失效。

知情者已经准确预测到失败原因，这让故事不寻常，也因此格外不幸。你或许认为一组决策者明确地知道某个项目有致命的缺陷这种情况非常罕见。而事实呢？假如有个方法能让你掀开任何项目的一角瞥到它的命运，也就是说你能够

第九章 放弃的好处

不经历失败而看到自己是如何失败的话,那又将如何?

这就是心理学家加里·克莱恩的"事前析误"背后的理念。想法很简单。很多机构已经在项目失败后做事后析误了,他们希望找到杀死项目的原因。事前析误是试图在事态无法挽救之前找到可能导致问题的原因。你召集一个项目上的所有人,让他们想象项目推出后可能导致悲惨失败的原因。现在他们每个人都要写下失败的具体原因。克莱恩发现事前析误能帮助扫除项目中的缺陷以及之前没人敢大声说出的怀疑。

这意味着有一种方式能使事前析误更加有效:让人们匿名回答。

"失败不见得是成功的敌人,只要能从失败中学习。"这话听起来有理,但彻底地放弃呢?我们在这里一直鼓吹放弃的好处,宣传机会成本和沉没成本谬误,但有没有确凿的证据说明放弃能带来更好的结果呢?

康考迪亚大学的心理学教授卡斯滕·罗时协助进行了一系列小研究,意在调查人们放弃难以实现的目标后发生了什么。当然,决定目标是否难以实现就已经占了这场战斗的90%。

"是的,"罗时说,"何时努力,何时放弃,我认为这就是那个价值连城的问题。"

最后,罗时发现放弃难以实现的目标的人在心理和身体上都得到了好处。"比如,他们表现的抑郁症状较少,经受的长期负面影响也较少,"他说,"他们的皮质醇水平比较低,全身炎症水平也较低,这是免疫功能的一个指标。长期来看,他们的身体健康问题较少。"

罗时的研究很有趣,但坦白地说,这不是会让你立马行动的那种强大证据。放弃是否是值得的,这注定是个很难回答的问题,至少很难通过实验回答。你要如何为回答这样的问题收集数据呢?

你需要找到千百万正处在放弃边缘却无法做出决定的人。然后你挥一挥魔法棒,一半随机抽选的人就选择了放弃,而另一半则继续坚持着。你坐在这一切背后,观察着他们的人生将如何展开。

可惜,这样的魔法棒不存在(至少我们不知道它的存在,说不定高智公司或者 NASA 正在研究这个东西)。所以我们退而求其次,创建了一个名叫"魔鬼经济学实验"(Freakonomics Experiments)的网站。我们请参与者把命运放到我们手中。

第九章　放弃的好处

网站首页是这么说的:

> 碰到难题了？
>
> 有时人生中面临着重大决定，而你完全不知所措。你已经从每个角度考虑了问题，但不论怎么看都没有看似正确的决定。
>
> 到最后，不论你怎么抉择都不过是像抛硬币一样碰运气的事。
>
> 帮助我们做实验，让"魔鬼经济学实验"来替你抛这枚硬币吧。

没错，我们请求人们允许我们用抛硬币的方式帮助他们决定未来。我们让他们匿名，让他们告诉我们为何事举棋不定，然后抛硬币解决。(实际上这是个数码硬币，就是一个随机生成数字又保证公平概率的程序。)正面意味着放弃，反面意味着坚持。我们让他们分别在两个月和六个月后回来向我们签到，让我们知晓他们是否更加快乐。我们还会访问第三方，通常是参与者的朋友或家庭成员，从而确认他是否真正遵从了硬币的指示。

虽然看似荒唐，但网站建好后的几个月我们就征集到了足够的参与者，抛了4万多枚硬币。男女分别占60%和40%，平均年龄30岁，约30%已婚，73%居住在美国，其余的人来自世界各地。

我们提供了不同类别的一系列决定：职业、教育、家庭、健康、房屋、人际关系以及"只为好玩"。下面是一些最受欢迎的问题：

我该辞职吗？

我该重返学校吗？

我该减肥吗？

我该改掉坏习惯吗？

我该和男（或女）朋友分手吗？

严格地说，并不是所有决定都是关乎"放弃"的。如果有人无法决定是否文身、是否开始做义工或者尝试网上相亲，我们也会为他们抛硬币。我们也允许他们自由填写问题（虽然我们对软件做了限制，禁止包括"杀人""偷盗""自杀"等词的问题出现）。请感受一下人们自己填写的一些问题：

第九章　放弃的好处

我该退伍吗？

我该戒毒吗？

我该和老板谈恋爱吗？

我该停止跟踪爱慕的对象吗？

我该退出研究生院吗？

我该听我丈夫的话生第四个孩子吗？

我该退出摩门教吗？

我该成为基督徒吗？

我该接受冠状动脉搭桥手术还是血管再成形手术？

我该去伦敦做投行职员，还是在纽约做私募股权投资公司的职员？

我该重组我的投资组合还是任它自生自灭？

我该重新装修卫生间还是先完成地下室的装修？

我该参加我小妹在北卡罗来纳州的婚礼吗？

我该出柜吗？

我该放弃当音乐家的梦想吗？

我该卖掉摩托车吗？

我该成为素食主义者吗？

我该让很有天赋的女儿放弃弹钢琴吗？

我该在社交网络上组织黎巴嫩女权主义运动吗?

看到那么多人愿意把自己的命运交给陌生人的硬币,我们大吃一惊。当然,如果不是已经在考虑改变,他们也不会来到我们的网站。我们也无法强迫他们听从抛硬币的结果。最后大约60%的人听从了硬币的指示,这意味着数千人根据抛硬币的结果做出了选择,而倘若抛硬币结果相反,他们则会做出不同的选择。

可以想象,抛硬币对大问题来讲影响较小,比如辞职,但也的确有人遵从。人们在如下问题上尤其愿意听从硬币的安排:

> 我该提出加薪请求吗?
> 我该改掉坏习惯吗?
> 我该在一件有趣的事情上花一大笔钱吗?
> 我该参加马拉松吗?
> 我该留大胡子还是小胡子?
> 我该和男(或女)朋友分手吗?

第九章　放弃的好处

在最后一个关于浪漫关系的问题上,我们要为约 100 对情侣的关系结束而负责。(我们在此对被抛弃的一方说抱歉!)换个角度说,正因为抛硬币举动的性质,我们也保住了另外 100 对可能因抛硬币结果相反而结束关系的情侣。

实验依然在进行,我们依然收集着结果,但我们已经有足够数据,可以得出最初结论了。

有些决定并没有影响一个人的幸福感,一个例子是留胡子。(我们一点也不惊讶。)

有些决定使人的幸福感明显降低,比如提出加薪请求、为有趣的事花一大笔钱、参加马拉松比赛。我们的数据无法显示这些选择为何使人不开心。有可能是因为你提出了加薪却未被批准,因此愤愤不平;抑或为跑马拉松而进行的训练只在理论上吸引人。

而有些改变的确让人们更加开心了,包括最重要的两种放弃:分手和辞职。

我们充分证明了分手、辞职、中断项目普遍能让人更加幸福吗?完全没有。但同时也没有任何数据显示放弃会带来不幸。所以我们希望你在面对下一个艰难抉择时能够想到这点。或者就抛硬币吧。没错,或许根据完全随机的事件而改变生活是个古怪的想法，要放弃为自己做主的权利更是古怪。但是把命运交给硬币，哪怕只是为了一个渺小的决定，至少会防止你陷入"放弃是大忌"的思维模式。

就如之前所述，我们都是偏见的奴隶。或许正是因此我们二人才如此容易放弃。我们都是放弃的"惯犯"，对事情后来的发展也颇为欣慰。

我们二人中的一位——列维特，一个经济学家——从9岁起就认定自己会成为职业高尔夫球手。他没在训练的时候都在幻想自己是下一个杰克·尼克劳斯。他的进步是显著的。17岁时，他已经获得了参加明尼苏达州业余锦标赛的资格。然而在资格赛上，他的对手——一个又矮又胖，长得完全不像运动员的14岁男孩——一直以30~40码（27.43~36.58米）的距离领先于他，稳稳地获胜。"如果我连这个孩子都比不过，还哪有可能成为职业公开赛的选手？"他这样想。之前的高尔夫梦就这样一下子破碎了。[①]

几年后，他开始攻读经济学博士，不是因为他认为经济

[①] 检讨过去，列维特或许的确放弃得太早了。那个14岁的小胖子是蒂姆·"小胖"·赫伦。在本书撰写之时，他将马上迎来参加职业高尔夫球巡回赛的第20个年头，职业生涯总收入超过1 800万美元。

第九章　放弃的好处

学有趣，而是为辞掉那份他无比痛恨的管理咨询工作找掩护。他主攻政治经济学，从公认标准来看，职业发展得不错。只有一个问题：政治经济一点儿都不好玩。是的，这是非常"重要"的领域，但工作本身却非常枯燥。

这时他有三个选择：

1. 无论如何，坚持。
2. 彻底放弃经济学，搬到父母家的地下室住。
3. 在经济学中找到新的、不那么无聊的方向。

第一个选择是最简单的。再发表几篇论文，我们的英雄差不多就能在顶尖大学经济学系拿到终身教授职称了。这个选择运用的是学术人士口中的"维持现状偏见"，也就是维持现状的选择。无疑，这是"放弃"所面对的最强反对力量。第二个选择有着原始的吸引力，他试过一次，但结果不理想，所以放弃了这条。第三个选择在向他招手。但是有什么他喜欢做的事，同时能重振他的学术生涯呢？

的确有，看电视上的《美国警察》节目。这是现代第一档电视真人秀。①这节目并不是什么经典，也没有多重大的意义，然而娱乐性却很强，甚至让人上瘾。每周，人们在电视上跟着那些警察去巴尔的摩、坦帕市甚至莫斯科，追捕不守秩序的酒疯子、劫车者、打老婆的人。节目一点儿科学含量都没有，但它的确会让你思考：为什么那么多罪犯和受害者都是醉酒的人？枪支管制真的奏效了吗？毒贩子到底能挣多少钱？更重要的，他们用了多少警力和战术？把很多罪犯关入监狱真的降低了犯罪率，还是鼓励了新的、更疯狂的罪犯顶替他们的位置？

看几十个小时的《美国警察》能引出学者着迷地研究了10年的问题。（或许坐在沙发里看电视、吃玉米片也没有那么糟糕！）就这样，新的职业道路铺好了：犯罪经济学。这是一个少有人涉及的领域，而且尽管不如政治经济学、宏观经济学或劳动经济学重要，它却可以永久地保证这位经济学家不用搬到父母的地下室去，所以他就放弃了当重要经济学家的念头。

---

① 有趣的是，这档节目的想法已经酝酿多年却一直未被批准，直到1988年美国编剧协会大罢工，忽然间网络电视对实录拍摄更感兴趣了。"一档没有旁白、没有台词、没有重拍的节目那时对他们很有吸引力。"节目的联合制作人约翰·兰利回忆道。

第九章　放弃的好处

本书的第二位作者既放弃过儿时的梦想，也放弃过梦想中的工作。他从幼年起就玩音乐，在大学时帮忙成立了一个摇滚乐队，名叫"右侧肖像"，名字来自冲撞合唱团的专辑《伦敦呼声》里的一首歌。乐队开始很粗糙，后来逐渐进步了。他们状态最好的时候听起来就像滚石、布鲁斯·斯普林斯汀和无知无畏的乡村朋客的粗劣混合体。几年后，右侧肖像和爱丽丝塔唱片公司签了合约，就要起航了。

一路走到这里是乐趣无限的。爱丽丝塔唱片的经纪人克里夫·戴维斯是在纽约的一家阴暗小酒吧里发现他们的，莱蒙斯、传声头像等乐队都是在这里发迹的。后来戴维斯邀请乐队到纽约中心区的炫酷办公室，还让艾瑞莎·弗兰克林在电话另一端给这几个男孩讲爱丽丝塔唱片公司的长处。我们正在萌芽的摇滚巨星还和斯普林斯汀本人、快速走红的 R. E. M. 乐队等音乐英雄们进行了更深入的职业探讨。离儿时梦想近在咫尺是多么让人心醉，然而他放弃了。

走在这条路上的某个时刻，他发现尽管背着吉他在舞台上疯狂跳跃是那么激动人心，但摇滚明星的真实生活却不是他所憧憬的。从外表看，追逐名誉和财富是美妙的，但他和真正得到了这些的人接触时间越长，越发现这不是他想要的。

这种生活意味着永远活在路上，没什么独处的时间。这是属于舞台的人生。他发现自己更喜欢坐在安静的屋子里，有个风景不错的小窗，写点故事，然后晚上回到有老婆和孩子的家里。所以他决心做这些。

于是他报考了研究生院，几年来只要刊物愿意刊登，他就会写。后来有如神助般地，《纽约时报》为他提供了一份他梦想的工作。作为一个小城镇新闻工作者的儿子来说，这真是撞大运了。在《纽约时报》工作的第一年里，他天天都在掐自己大腿。就这样，1年变成了5年，5年变成了……他又放弃了。尽管从事新闻工作使他精神抖擞、受益匪浅，但他发现自己更想自己做主，自己写书，比如这本。

我们两一起写书时得到的乐趣和幸运是之前无法想象的。

这自然引发我们的思考：我们是否该采纳自己的意见，考虑停下来？写了三本关于魔鬼经济学的书以后，我们还有更多能分享的内容吗？还有人在乎吗？或许我们应该到魔鬼经济学实验网站听听硬币的意见。如果你今后再也没有看到我们的书，你就知道硬币是怎么说的了……

第九章 放弃的好处

•••

现在全书只剩下最后几页，信息已经很明显：放弃是魔鬼式思考的核心。如果这个词依然令你恐惧，那么让我们用"放下"一词代替吧。放下那些折磨着我们的传统认知，放下束缚着我们的人为限制，放下对承认不知道的恐惧，放下指使我们把球踢向球门一角而非中心的习惯性思维，即便踢向中心的命中率更高。

我们还要指出，在哈罗公学给出著名建议的丘吉尔也是史上最伟大的放弃者之一。他参政后不久便陆续退出了各种党派，后来干脆退出了政府。他再次回到政府后又一次退出了党派。而在他没有放弃的时候，其他政客却把他踢出了政治圈。他在政治荒野中驻留了多年，谴责英国对纳粹的妥协，直到失败的政策导致全面战争时才恢复了职位。即便是在最无望的时刻，丘吉尔也没有向希特勒妥协过半分，最后成为"英国最伟大的战争领袖"，如史学家约翰·基根所述。或许就是那一系列的放弃造就了丘吉尔的刚毅，使他能在真正需要的时候坚持到底。他已经知道了什么值得放弃、什么值得坚持。

THINK LIKE A FREAK / 魔鬼经济学3　用反常思维解决问题

∙∙∙

我们已经阐述了我们的观点。你也看到了，并没有什么魔法。我们只是想鼓励你换种方式思考，更彻底、更自由地思考。现在轮到你了！我们自然希望你能喜欢这本书，我们更希望它能在哪怕极小的程度上对你有所帮助，使你能够在社会上纠正一些谬误，缓解一些负担，甚至——如果你喜欢的话——多吃一些热狗。祝你好运！告诉我们你做了什么尝试。① 读到这里，你也是个魔鬼式思考者了。让我们一同努力吧！

---

① 请写信给我们：ThinkLikeAFreak@freakonomics.com。

THINK LIKE A FREAK
致　谢

一如既往，我们最要感谢的是这本书中故事的主角。他们为我们打开了门，也打开了记忆甚至账簿，并允许我们讲他们的故事。

苏珊娜·格鲁克一直是我们的北极星，而亨利·哈里斯是最适合这份工作的人。对你们二人以及 WME 经纪公司和威廉·莫罗出版社的每个人道上 100 万声感谢。还要感谢亚历克西斯·克什鲍姆以及英国企鹅出版社过去和现在的所有可爱的人。

乔纳森·罗森在我们迫切需要的时候借给了我们一双极具洞察力的慧眼。

布雷·拉姆孜孜不倦地做了背景研究以及一切辅助性工作，劳拉·L.格里芬是最优秀的事实核查员。

嘿，哈里·沃克公司，你们是最棒的！

特别感谢艾琳·罗伯逊以及贝克尔中心和TGG公司的每一个人。还要感谢才华横溢的魔鬼经济学广播小组：克里斯·班农、科林·坎贝尔、格里塔·科恩、安德鲁·加特雷尔、莱恩·哈根、戴维·赫尔曼、戴安娜·胡因、苏西·莱西坦伯格、杰夫·莫森奇斯、克里斯·内亚里、格雷格·罗萨斯基、莫莉·韦伯斯特、凯瑟琳·威尔斯以及WNYC电台的每个人。

史蒂芬·列维特想说：谢谢每个身边的人为我所做的一切；我何德何能，竟得你们在身边。

史蒂芬·都伯纳想说：安雅·都伯纳、所罗门·都伯纳和埃伦·都伯纳，你们在我生命中的每一天里为我带来了慰藉和欢乐、蛋卷和肉豆蔻，还有爱的迸发。